中公新書 2391

本村凌二著

競馬の世界史

サラブレッド誕生から21世紀の凱旋門賞まで

中央公論新社刊

プロローグ

ロンドンのヴィクトリア駅から列車に乗って南下する。一時間半ほどするとチチェスターという町に着き、そこからバスに乗る。バスは緑あふれる樹々《きぎ》が生い茂る狭い山道の上り坂をくねくね昇って走り、やがて丘上のグッドウッド競馬場に着く。

この競馬場を訪れた人は、丘の上にコースが作られたというめずらしさとともに、海すら見える遠望の情景の美しさにきっと驚くはずである。筆者は八月最初の土曜日には毎年のごとく、この競馬場を訪れていた。ニューマーケットでもエプソムでもアスコットでも競馬を楽しんだことがあるが、このグッドウッドこそはまぎれもなくイギリスでもっとも美しい競馬場とよんでいいと思う。ここに来ただけで、馬券で負けても許せるという気分だった。

だから、列車とバスを乗り継いで、片道二時間以上もかけてグッドウッド競馬場に来るのが苦にならなかった。そんな甘美で感傷的な思いでいたのだが、あるとき一五〇年前のイギリス人の感想を知って、また驚きが深まった。

図1　グッドウッド競馬場　19世紀の風景

図2　根岸競馬場　永林信実画「横浜名所之内大日本横浜根岸万国人競馬興行ノ図」（1872年）より．馬の博物館所蔵

維新期の一八七〇年（明治三年）のことだが、来日していたイギリス人は創設されたばかりの横浜の根岸《ねぎし》競馬場にたたずんだときの思いをもらしている。

「グランド・スタンドからの眺めは絶景である。右手と左手には、緑の田園が広がり、前と後ろには、無数の白帆が浮かぶまるで絵のような海面が見える。イギリスでは、グッドウッドがもっとも美しい競馬場とよばれているが、横浜の根岸競馬場の方がはるかに優り、これほどすばらしい競馬場はかつて見たことがない」（Japan Weekly Mail' 一八七〇年十一月十二日）

新設されたばかりの競馬場からは、富士山、江戸湾、房総半島、三浦《みうら》半島などの風景が見渡せたという。およそこの世のものとは思えぬ絶景が広がっていたのだろう。筆者はこの記事を読んだとき、あらためて日本の競馬ファンであることに自負心をくすぐられる思いだった。

競馬というと、すぐに馬券の話が出てくる。筆者の馬券運は自慢できるようなものはほとんどない。でも、いい競馬とのめぐりあわせなら、奇妙なほど運に恵まれているような気がする。

筆者は競馬ファンとしては海外のレースを見る機会が少なくない。夏の休暇にはしばしばロンドンにある文書館に出向いて仕事をする。だから、週末にはアスコット競馬場などへと幾度も足を運んだが、もはや数える気にもならない。とくに七月末のイギリス競馬の最高峰である通称キングジョージ（King George VI & Queen Elizabeth Stakes）などは二〇回近く観戦したことになる。そこで目にした名馬たちのドラマはかけがえのない財産でもある。でも、それらの思い出にもまして、脳裏に焼きついてはなれない場面に出会うことがある。そのとき歴史の瞬間に立ち会った目撃者になるのだ。

一九八六年十月五日、初めてパリのロンシャン競馬場を訪れ、凱旋門賞《がいせんもんしょう》を見た。このレースを観戦した人は誰でもその日のことを生涯忘れないだろう。この年は三歳馬*も古馬《こば》*もレヴェルがすこぶる高いばかりか、有力馬のどれもが無事に出走にこぎつけたのである。それらの馬たちがターフを駆け抜けたとき、魂のふるえるような壮絶にして華麗なドラマができあがる。

あのイギリス最強馬ダンシングブレーヴがフランス最強馬ベーリング以下の並みいる優《ゆう》駿《しゅん》を大外から一気に追い込んでふり払っていった。12のゼッケン馬が14のゼッケン馬を怒《ど》濤《とう》のごとく抜き去る場面に立ち会ったときの、ぞくぞくするような背筋のふるえは、今でも体感として残っている。誰となく凱旋門賞史上の最高のレースだと口にするようになったらしい。私自身にとっても、あの場面ほど感動を覚えたレースは今なおない。もう一度あんなレースにめぐりあえたら、この世に未練はないほどに思っている。あれは、まさしく歴史の瞬間だった。

一九九六年九月二十八日、アスコット競馬場は華やかな祭典のような開催だった。この日は欧州マイル路線の総決算クイーンエリザベス二世ステークスを頂点に七レースがある。この七レースのすべてをなんと一人の騎手が勝ってしまったのである。最終レースの直線コースにさしかかりデットーリ騎手の馬が逃げ切りをはかる。そこに追いすがる馬がだんだん迫ってくる。満場総立ちになり、天にも響く轟々《ごうごう》たる歓声。そのすさまじい轟鳴は私の耳をつんざかんばかりだった。その狂騒の中をデットーリの馬が先頭でゴール板に飛びこんでいった。

七戦全勝は競馬発祥国イギリスの三〇〇年の歴史のなかでも初めての快挙だという。もちろん世界にも類例はない。あれこそは掛け値なしの歴史の瞬間だった。人々はそれを「マグニフィセント・セブン」と讃《たた》えている。今でもアスコット競馬場にはそれを記念する一角が設けられている。

一九九八年の夏もまたヨーロッパに出向いた。離日前にタイキシャトルがドーヴィル競馬場に遠征することは知っていた。ぜひとも観戦するつもりだった。ところが、イギリスの競馬新聞によれば、その前の週にシーキングザパールがGI《ジーワン》*レースに出走するというのだ。

じつのところ、ロンドンからノルマンディ海岸のドーヴィルに行くのは、いささかやっかいなのだ。だが、そのころ高配当の馬券にありつき、ちょっとばかり懐に余裕があった。そこで、ここも行ってみるか、その非常識な決断が、またしても幸運をまねくことになる。

八月九日快晴、ドーヴィルには海からさわやかな風が吹く。日中は少し汗ばむほどでも、パリのような蒸し暑さはない。その日も避暑地らしい空気につつまれていた。

お目当てのモーリス・ド・ゲスト賞は第三レースの一三〇〇メートル戦。シーキングザパールはパドック*で武豊《たけゆたか》騎手を背にうるさそうだったが、ほどなく、他馬も来ないうちに本馬場に出ていってしまった。まあ異国に来て初めての出走、しかたないかという感じだった。馬券の対象としてはまったく無視するしかない。でも、せっかくだから、ご愛嬌《あいきょう》に一〇フラン（約二五〇〇円）だけパールの単勝*を買うことにする。

馬券の狙《ねら》いは他馬にしぼることにして、出馬表*に目をおとす。出走馬一二頭。一番人気は絶好調のケオス（五歳牡《おす》）。以下、実績のあるパドレポンス（五歳牝《めす》）、未知の魅力を秘めたグラジア（四歳牝）、前走ケオスときわどい勝負をしたダイヒムダイアモンド（五歳牡）、しばしば勝ち負けを演じるジムアンドトニック（五歳騸《せん》）と人気がつづく。ほかにも、おなじみのペリエ騎乗のロワジロンド（四歳牡）、ロバーツ騎乗のムシーア（五歳牡）、そしてデットーリ騎乗のカハル（四歳牡）などの顔ぶれが目につく。それらのなかで、わがシーキングザパールはそれほど人気がなかった。

もちろん祖国を愛する人間としては、日本調教馬に勝ってもらいたい。そう願う気持ちにかわりはない。でも、レースが近づいても、ほとんど緊張感がわかなかった。期待に胸が高鳴るわけでもなし、まあここは掲示板*にでも載れば上出来だろう。まるでよそ事のように気楽にレースを待っていた。

やがてゲートが開き、パールも飛び出す。映りのよくないターフビジョン*でも、あざやかな赤の勝負服*が先行集団にいるのはよくわかる。しかも先頭に躍り出んばかりではないか。そんなに急いでも、きっと失速して抜かれるに決まっている。おてんば娘をなだめるような気分で馬群が近づいてくるのを待った。

長い直線コースの彼方から馬群が迫ってくる。まだまだパールは先頭を走っているではないか。つめよる馬から、その差は1馬身以上もある。もはや冷静ではいられなかった。もしかして勝ってしまうのではないか。ウソか夢かと思いながら、「行け、行け、行ってしまえ」と絶叫せんばかりだった。おいおい、ほんとに勝っちゃうよ。いやいや、もしかして勝っちゃたんじゃないの。ああ、とてつもない場面に出くわしてしまった。

日本馬の欧米GIレース初制覇、日本競馬界の悲願達成。さまざまなキャッチフレーズが念頭にちらつく。またしても私は歴史の瞬間に遭遇してしまった。誰彼となく、このすばらしい勝利の意味をわかちあってほしい。騎手でも調教師でも馬主でもないのに、この瞬間に立ち会った喜びに酔いしれるのだった。

花道をひきあげる豊君のほころんだ顔。日本を代表する騎手にふさわしい晴れやかさ。ウイナーズサークル*の華やいだ喧噪《けんそう》。日本人の報道関係者からも、この歴史的事件に同席した喜びがあちらこちらから聞こえてくる。私はといえば、正真正銘の競馬ファンなのだから、もはやたんなる幸運といってすませられるものではない。神に愛《め》でられし者だけに許された幸運なのだ。そんな自惚《うぬぼ》れさえも心にめばえそうな歴史の瞬間だった。

翌週、ふたたびロンドンからパリ経由でドーヴィルにやってきた。風も日差しも前週とほとんど変わらない。それでもスタンドの雰囲気はひどく異なる感じだった。日本人観客の姿がやけに目につくのだ。やはりタイキシャトルへの期待の強さがひしひしと感じられる。

ヨーロッパにおけるマイル路線の四大レースの第二弾ジャック・ル・マロワ賞。四つのなかでも直線コースで行われるのは、このレースだけ。その意味では、馬の実力がもっとも計りやすいレースでもある。

パドックには前週よりいちだんと華やいだ雰囲気がある。避暑地の競馬場にはめずらしく人垣をわけて進まなければならないほどだ。幸い早々と陣どったせいで、一番前で見ることができる。さすがに屈指のマイラー*が顔をそろえ、いかにも走りそうな馬ばかりだ。出走馬のなかでも、やや遅れてシャトルがやってきた。美しく光る栗毛《くりげ》*の馬体は見劣りするどころか、ひときわたくましくさえ見える。それに入れこんだ気配もなく、おっとりしすぎている、とさえ言いたくなる。

隣にいたフランス人女性が気安く話しかけてきた。「どれが岡部《おかべ》で、どれが武なの」とか「タイキシャトルはほんとうに強いの」とか尋ねてくる。私もつたないフランス語を駆使して「われわれ日本人にとって彼は歴史的な名馬ですよ」と答えておいた。それにしてもいい雰囲気だったから、ひょっとしたら恋もめばえたかもしれないのに。そのときは早く馬券を買おうとあせってしまい、そんな余裕もなかった。いやはや、悔やまれる。

まず、ぜったい忘れてならない馬券がシャトルの単勝一〇フラン。これは勝っても換金などするものではない。競馬ファンにとって勲章ものの馬券になる。でも、わざわざ日本からやってきたファンがこれだけいるのだから、低い単勝馬券にはもはや妙味はない。あとは、どの馬かと組み合わせる馬連《うまれん》*の一点勝負しかないのだ。出馬表に目をやりながらも、やっぱりアマングメンの鹿毛《かげ》*が目に焼きついてはなれなかった。なにしろ四大レースの第一弾グッドゥッド競馬場のサセックスステークスの勝ち方があざやかすぎるほど脳裏にこびりついていた。もしシャトルが負けるとしたら、この馬しかいない。そう決断すると、私は売場に急いだ。

前週とちがって、期待が大きいだけにスタート前の緊張感もひときわ高まる。観戦用の階段の三段目あたりに立っていると、目の前を藤沢和雄《ふじさわかずお》調教師がなにくわぬ顔で歩いていく。師の胸中には今いったい何が去来するのだろうか。想像する間もなく、ゲートが開いた。

直線コースといっても半マイル地点ぐらいまでは肉眼ではほとんど見えない。ターフビジョンに映しだされた八頭の馬群が並び、シャトルは大外、スタンド寄りを走ってくる。それにしても、心もち顔を左向きにかしげているように見える。こんな癖があったのだろうか。なにか嫌な予感がしないでもなかった。でも、それは杞憂《きゆう》にすぎなかった。肉眼でもはっきりとらえられるようになると、シャトルはしっかり前をみすえ足どりも力強い。逃げ込みをはかるデットーリ騎乗のケープクロスをとらえ、追いすがるキネーン騎乗のアマングメンをふりきって、緑の勝負服の岡部と栗毛の馬が先頭でゴールに飛び込んだように見えた。

やった、たしかに1着だよな。自分に言い聞かせるようにしながら、もはや胸の高鳴りをおさえることができなかった。いくら期待が高かったとはいえ、ほんとうに勝ってしまったのだ。世界の檜《ひのき》舞台《ぶたい》で人気の重圧を背負い強敵を斥《しりぞ》けて勝つ。タイキシャトルはもはや日本の名馬はおろか世界の名馬なのだ。あのフランス人女性にもう一度会えたら「やっぱりシャトルは歴史的な名馬でしょう」と鼻たかだかに自慢したい気分だった。

花道を引きあげてくるシャトルに乗った岡部幸雄《ゆきお》騎手の嬉しそうな顔。いつもすましたように冷静沈着に見える達観の名人騎手。あの岡部さんが満面の笑みをこぼして鞍上《あんじょう》からVサインを送っているのだ。常に世界に目をむけていた岡部騎手にとって、この一勝はかけがえのないものであるにちがいない。同年配の一人として、私は心から岡部騎手に「おめでとう」と言ってあげたかった。そして、この場面にめぐりあった喜びをかみしめていた。

シーキングザパールとタイキシャトル。二十世紀末の夏、二頭の馬がドーヴィルの舞台で演じたドラマは華麗なばかりか、とてつもない偉業であった。翌日のイギリスの競馬新聞のトップに「**Japan 2, Europe 0**」と書かれた見出しは目に刺さるほどまぶしかった。われわれ日本の競馬ファンに欠けていたもの二つ、ほかならぬ誇りと自信を与えてくれた出来事だった。

今世紀になっても、私は何度もロンシャンの凱旋門賞に足を運んだ。二〇〇五年のディープインパクトの3着と失格、一〇年の思いがけないナカヤマフェスタの2着、一二年と一三年のオルフェーヴルの連続2着という悲哀を目の前で見せつけられた。馬券下手でもレース運のいい自分のことだから、いつの日か目の前で日本の馬が凱旋門賞を勝つ、その場面にめぐりあうという淡い期待が去来する。でも、それは決して夢物語ではないのだ。

人間はものをつくる動物だという。人類は航空機もパソコンもつくりあげてしまった。だが、それだけで人生は楽しくなるわけではない。ときには胸をはずませ、心躍る瞬間があっていい。そのために、人はドラマをつむぎだす。それこそ日照りだらけの日常にうるおいをもたらしてくれるのだ。

物語をつむぐ人間にとって、競馬はなによりもドラマの素材になる。そして、ときには、かけがえのないほど心ときめく極上ドラマができあがる。シナリオも演出もないのに、そこには目をみはるほどのドラマがある。事実は小説よりも奇なり、とはよくいったものだ。

それらのドラマとその舞台裏では、いかなる人と馬との営みがあったのか。その歴史をふりかえってみるのもいいのではないか、という気がしている。もはや半世紀近くも筆者は歴史研究者であり、競馬ファンでもあった。そのような経験を胸に刻みながら、「競馬の世界史」に思いをはせてみたくなった。

競馬の世界史　目次

プロローグ　i

第1章　古代民衆の熱狂　3
——競馬の黎明期
オリンピックの戦車競走／古代ローマの「パンとサーカス」／馬とヨーロッパ中世

第2章　英国王の庇護のもとで　17
——近代競馬の胎動
最古の競馬場チェスター／狩猟から競馬へ／賭博の横行／イタリアのパリオ競馬

第3章　サラブレッドの誕生　29
——品種改良のはじまり
アラブ馬の渇望／サラブレッドの三大始祖／エクリプス誕生／伝説の名馬

第4章　クラシックレースの成立 47
——十八世紀のヨーロッパ競馬
ロンドン再生とクラブの流行／ジョッキークラブの実力者／高潔なるバンベリー卿／オークス、ダービーの創設／ヨーロッパ各国への影響／独立以前のアメリカ

第5章　市民社会と近代競馬の発展 71
——十九世紀のヨーロッパ競馬
三冠馬の誕生／人間の性としての「遊戯」／労働者階級と賭け師／競馬への批判／ベンティンク卿の功罪／ラウス卿の献身／グラディアトゥールの衝撃／最初のスター騎手アーチャー／アイルランドとフランスの競馬／他の諸国の競馬事情

第6章　馬産地ケンタッキーの台頭 115
——十九世紀の世界の競馬
恵まれた立地条件／白熱のマッチレース／レキシントンの激闘／ケンタッキーダービーの創設／イギリス入植地の競馬／開国日本の状況／文明開化と競馬開催

第7章　凱旋門賞創設と国際レースの舞台　141
――二十世紀のヨーロッパ競馬
新世紀の幕開けから第一次大戦へ／ダービー卿とアガ・カーン／アメリカ流の「侵入」／イタリア産馬ネアルコの奇跡／二十世紀の代表的イギリス馬／大種牡馬ノーザンダンサー／アイルランドとフランスの活況

第8章　繁栄する合衆国の英雄たち　171
――二十世紀のアメリカ競馬
アメリカ競馬、冬の時代／国民的英雄マンノウォー／「最強世代」との呼び声／北米産血統の隆盛／三冠馬続出の七〇年代／ブリーダーズカップの創設

第9章　日本競馬の飛躍　195
――二十世紀の世界の競馬
欧米以外の地域の競馬事情／日清・日露戦争と軍馬育成／安田伊左衛門と日本ダービー創設／有馬頼寧と日本中央競馬会発足／ハイセイコー人気と二頭の三冠馬／平成の名勝負

第10章　国際化時代のビッグレース
——現代の競馬

エピローグ　241

あとがき　249
主要参考文献　252
写真引用文献　255
用語ノート　256
馬名索引　268

競馬の世界史

第1章　古代民衆の熱狂

——競馬の黎明期

オリンピックの戦車競走

馬をあやつる。なんでもないことに思えるが、それは人類の歴史にとって、とてつもない大きな出来事だった。もともと、家畜として飼い馴《な》らされた馬は食料だったが、働かせたり運搬させたりする手段にもなった。そればかりではなく、戦時には軍馬としても利用できるようになり、軍団を編成するにあたって戦術の形態に大きな転換をもたらした。

それとともに、愛すべき馬はさまざまな形で人々の娯楽の対象でもあった。なかでも、人々の生活にとけこんだ馬たちを競わせる形のさまざまな競技が工夫され、今日にいたるまで民衆を熱狂させる見世物になっている。

紀元前八世紀のギリシアにホメロスとよばれる盲目の詩人がいた。この詩人が生きた時代に先立つこと数百年前、アジアの西端にあるアナトリア半島（現トルコ）のエーゲ海岸にトロイアとよばれる強国があった。その強国とギリシア本土の諸王国との間に戦争がおこり、戦争は一〇年にもおよんだ。その最後の一〇年目、ギリシア軍最高の勇者といわれたアキレウスは、戦死した親友パトロクロスの追悼式をもよおす。その場面はホメロスの『イーリアス』第二三書に描かれている。それは古代の馬の競技について完全に記録した最古のものであろう。

ときは前十二世紀、トロイアに攻め入ったギリシア軍の名将五人は手柄をあげ、この追悼競技でそれぞれ二頭立ての戦車を御《ぎょ》して競い合う。広大な野原を駆け抜け、折り返し地点の墓石を回って、ふたたび出発点に戻ってくる。優勝者ディオメデスには美しい耳形の飾りのついた鼎《かなえ》と奴隷女性、2着のアンティロコスには身ごもっている牝馬《ひんば》が与えられた。

さらにまた、戦車競走は古代オリンピックの花形であった。とはいえ、戦車競走がオリンピックの種目に加わったのは、前六八〇年の第二五回大会のときからである。それは四頭立ての戦車競走だった。折り返しの標柱が目立つだけの簡素な競馬場だったが、そこを周回する激しい闘いに群衆は興奮した。

それに加えて、前六四八年の第三三回大会のときから、騎乗馬による競走もはじまった。だが、ギリシア人は鞍《くら》*も鐙《あぶみ》*も知らなかったので、裸馬にまたがっただけの競馬は戦車競走に比べて迫力に欠けていたらしい。その後も二頭立ての戦車競走や仔馬《こうま》の競技などが追加され、ヘレニズム期の前三世紀半ばには、競走種目は六種類になっていたという。しかし、なによりも人気を集めたのは、四頭立ての戦車競走であった。

オリンピックでの戦車競走は数多くの戦車が出場したので、それぞれの戦車がもつれあって衝突する場面がしばしばあった。とりわけ両端にあるコーナーでは一八〇度の急旋回であるから、危険でありスリリングであった。事故に巻きこまれずにレースを終えることがまずは幸運であったという。

もちろん御者の技量も褒められるが、もっとも讃えられたのは馬主であった。名馬を所有し腕利きの調教師や御者を雇える財力こそが勝敗の決め手として考えられていたという。つまり、戦車競走はエリートたちの威信をかけた競技であり、貴族趣味であった。だが、そのスペクタクルな醍醐味《だいごみ》は民衆の熱狂をかきたてたのである。優勝者にはオリーブの冠が与えられ、大いなる栄光につつまれる。さらに、ピンダロスらの詩人たちがその勝利を称賛するのだった。

古代ローマの「パンとサーカス」

紀元前一世紀末、ローマは地中海世界全域を支配下におさめ、この広大な地域に空前の平和が訪れた。世に言うパクス・ローマーナ（ローマの平和）である。この平和のなかの繁栄を象徴する出来事として、しばしば「パンとサーカス」があげられる。ここでいうサーカス（circus）は、曲芸のことではなく、ラテン語ではキルクスと読み、楕円形《だえんけい》のコースを意味する。もちろん、それは戦車競走の走路のことである。

この戦車競走こそは、剣闘士試合と並んで、どっぷりと平和にひたりきったローマの民衆が待ち望む見世物であった。戦車競走の舞台は大掛かりになるので、常設のものとしてはローマ帝国の大都市部にしか置かれていなかったようである。そのなかでも、とりわけ名高いのが、ローマに残るキルクス・マクシムス（現名チルコ・マッシモ）であった。パラティーノとアヴェンティーノの二つの丘の斜面に挟まれた谷は戦車競走の見世物空間をつくる自然の地形だった。

この大競走場は四〇万人ほどの観衆を収容したといわれるが、仮設の観客席も加えれば五〇万人近くは収容できたと考える向きもある。競走場の中央に細長い背骨状の島があり、それで仕切られた楕円形のコースを戦車が回るのである。レースは砂で敷き固められた走路を通常は七周するものであり、だいたいのところ距離一〇キロメートルぐらいを走ることになる。

レースとしては、二頭立ての戦車競走や騎乗の競馬もあったが、四頭立ての戦車競走がもっとも人気があった。内側の馬二頭は轅《ながえ》＊につながれているが、外側の二頭は革ひもでつながれていた。白く塗られた発走線には、全部の枠が同時に開くように、梃子《てこ》仕掛けの発馬装置＊がしばしば設けられていた。御者は車輪の間にある席に立って戦車を操縦するのだが、複数の馬をあやつるのであるから、かなりの訓練が必要とされた。とくに楕円形の突起部分のコーナーを鋭く曲がるには、並々ならぬ技量が求められたにちがいない。それを上手にこなし先頭に躍り出て、やがて真っ先にゴール板を過ぎた戦車の御者と馬には、万雷の喝采が轟《とどろ》くのである。

ローマの戦車競走では、緑、赤、青、白の四つの組があり、それぞれが春夏秋冬を表していた。戦車の御者もどれかの組に属し、お互いに競い合っていた。そのような戦車御者の姿が浮かび上がってくるような碑文すら残されている。

イベリア半島生まれの御者ディオクレスは主として赤組に属したが、四十二歳で引退することになった。たいへんな人気者であったので、熱烈なファンたちは彼の業績を讃えて記念することにしたらしい。紀元一四六年のことである。


ディオクレスは、二四年間で四二五七回にわたって戦車御者として出走した。

全勝利数一四六二回。そのうち開演競走で一一〇勝。各組一両競走で一〇六四勝。重賞競走九二勝。そのうち、六頭立て競走での三勝をふくみ三〇〇〇万円賞金レースで三二勝、六頭立て競走での二勝をふくみ四〇〇〇万円賞金レースで二八勝、七頭立て競走での一勝をふくみ五〇〇〇万円賞金レースで二九勝、六〇〇〇万円賞金レースで三勝。各組二両競走で三四七勝、それには三頭立て競走一五〇〇万円賞金レースの四勝もふくまれる。

各組三両競走では五一勝。

優勝および入着すること二九〇〇回。2着八六一回、3着五七六回、受賞4着一回。

着外一三五一回。青組との同着一〇回、白組との同着一回、そのうち二回は三〇〇万円賞金レース。収得賞金総額三五億八六三一万二〇〇〇円。それに加えて、二頭立て競走の一〇万円賞金レースで三勝し、白組との同着一回、緑組との同着二回。先行して八一五勝、後方待機で六七勝、ハンデキャップ競走で三六勝、多種条件競走で四二勝、奪取戦で五〇二勝、このうち緑組に二一六勝、青組に二〇五勝、白組に八一勝。

彼によって、九頭が一〇〇勝馬になり、一頭は二〇〇勝馬になった。

（『ラテン碑文大全』第六巻一〇〇四八。貨幣単位は便宜的に一セスティルティウス＝一〇〇円として換算する）

碑文は、この後で、御者が打ち破った数々の記録を並べあげ、ディオクレスをすべての御者のなかの王者として称賛する。ここに残された記述から、戦車競走の実態について、さまざまな推測をすることができる。

戦車御者の人気もさることながら、馬もまたそれなりに人々の注目を集めた。これらの碑文のなかには、勝利した馬の出身地を刻んだ記録が残っている。たとえば、紀元七五年の碑文には、ある戦車御者が勝利をおさめたときの馬四二頭について述べられている。これらのうち、アフェール馬（北アフリカ産馬）三七頭、ムーア馬とイベリア馬が各一頭、残り三頭だけがイタリア馬になっている。圧倒的多数が北アフリカで飼育された馬であることは、一目瞭然《りょうぜん》であろう。

じっさい今日のチュニジアあたりには、馬の育成を示すいくつものモザイク画が残っている。牡馬《ぼば》は三歳のときから調教されはじめ、五歳になるまで競走の場に出てくることはなかった。これらの競走馬を描いたモザイク画から、北アフリカにおいて馬産が盛んであったことは明らかであり、古代の人々がいだく馬へのまなざしが伝わってくるかのようである。

モザイク画のなかには、名前が付された馬がいる。あるモザイク画にはアドランドゥスとクリニトゥスと記され、ほかのモザイク画にはプピルス、アマトル、クピドー、アウラが記されている。

これらをよく見比べてみると、ある馬はほっそりとしているのに、ほかの馬四頭はがっしりとしている。ここから、競走馬の生産や育成において、目的に応じた育成がなされていたことがうかがわれる。ほっそりした馬は長距離用のステイヤーであり、がっしりした馬は短距離用のスプリンターあるいはマイラーとしての適性をめざしていたのではないだろうか。競馬ファンならおなじみの馬体の差異が、すでに古代にしっかりと認識されていたのだろう。

こうしてみるだけでも、民衆が戦車競走にどれほど熱狂したかの一端が伝わってくる。その人気が高まるばかりであったために、軍馬の補充がままならないといった苦情すら出てきたという。もちろん、民衆は見世物を楽しむばかりではなく、賭《か》け事に興じ、ときには度をこした大騒動になることもあった。しかし、穀物配給と見世物興行を表す「パンとサーカス」は、もはや平和と繁栄を当然のものと感じる民衆にとって、なくてはならぬものであった。ときの為政者はそのことを熟知していたのだろう。

四世紀になると、戦車競走の中心はコンスタンティノープル（現イスタンブール）に移行し、それ以後はビザンチン帝国（東ローマ帝国）の首都民衆を興奮のるつぼに巻きこんだ。莫大《ばくだい》な賭け金が飛び交い、群衆の熱狂や対抗意識はときには政治的対立をはらんだ騒動や暴動にまでいたった。

首都コンスタンティノープルには、有名な戦車御者の事例を見ることができる。そこでは、古代末期における戦車御者の社会的地位が云々《うんぬん》され、皇帝との関係や勝利者の栄冠の意味が浮かび上がる。さらに、戦車競走がどのようにして組織されたのか、応援団である党派とその支持者はどのような役割をもっていたのか、などを具体的にたどることができる。

これらをめぐる史料は豊富であるから、さまざまな民衆の生態が見てとれる。しかし、七世紀ごろからは徐々に衰退にむかったらしい。

馬とヨーロッパ中世

ヨーロッパ中世の競馬については、ほとんど語ることがない。それでも、十字軍の遠征を通じて中東の馬の優秀さが認識されると、競馬への熱意もめばえている。しかし、この時代には、軍馬に騎乗した馬上槍試合《ばじょうやりじあい》＊の方がただ走るだけの競走よりも人気があった。

それでもイギリス史上、最初に書かれた競馬に関するラテン語の記述「ロンドン市の描写」がある。勇将リチャード獅子心王《ししん》（リチャード一世。在位一一八九－九九）がまだ国王にならない若者のころだった。その時代にロンドン市内の市場近辺で競馬のレースがあったらしい。

対戦相手の馬が選ばれると、数頭立ての競走もあれば、二頭立ての競走もあり、騎手たちは来《きた》るべき競走に備える。馬はそれぞれお互いに張り合っている。馬は震えるし、焦《じ》れるし、動きどおしで落ち着きがない。やっと合図が出て、馬たちがスタートする。走路を夢中で走り、速度を落とすことなく、先へ先へと急ぐ。騎手たちは拍手喝采されることを念頭に浮かべ、勝利の望みに励まされて馬を追う。拍車をかけ、鞭《むち》をふるい、大声をはりあげて馬に気合をつける。

その二〇年後、リチャード一世は数頭のアラブ馬を招来するとともに、高額賞金をめぐる三マイル以上のレースを設けた。そこには、すでに速い馬を希求する思いがひそんでいたことになる。

このようにして、おそらく断続的には、さまざまな地域で競馬が行われていたにちがいない。やがて、十七世紀初頭までに、イギリスの一二か所で競馬は定期的に行われるようになり、ほかの場所でも断続的であれ開催されていたという。

ところで、馬が家畜として飼育されるようになってから六〇〇〇年の歳月が経《た》っている。その馬に車を引かせるようになるには、それから千数百年を要したし、さらに騎乗するようになるには二千数百年の歳月が流れている。

世界には一六〇種にのぼる馬の品種があるという。なかでも近代にあって重んじられたのは軽種馬である。これらの軽種馬は三種のオリエント原産の品種を基礎とする。それらは、中東のアラブ馬、北アフリカのバルブ馬、イベリア半島のアンダルシア馬である。

中世ヨーロッパを通じて、ことさら人々が欲しがったのはアンダルシア馬であった。バルブ馬は古代から北アフリカの騎兵に用いられ、イスラム教徒の進出とともにイベリア半島に持ちこまれている。アラブ馬こそは純粋種とよべるだけではなく、そのすぐれた資質によって世界中の品種改良に絶大な影響をおよぼしたのである。

ローマ人によって支配されていたせいか、イギリスでは、すでに古代から土着の馬よりも東方の馬がすぐれていると伝えられていた。それでも入手しがたく、記録に残るかぎり、アラブ馬の輸入は一一二一年にさかのぼる。きっかけとなったのは十字軍の遠征である。その見聞を通じて西アジアの馬の優秀さが強く認識されるようになった。それとともに、騎乗者の技術ではなく馬の速さを競うという意味での競馬への熱意がめばえている。

十二世紀末、リチャード一世は数頭のアラブ馬を招来するとともに、エプソムの荒野で高額賞金をめざす競馬を開催したという。その後も土着の馬のスピードを改善するために、ときにより東方の馬が輸入されている。競馬だけでなく、馬上の槍試合や狩りの競い合いもあり、すぐれた資質を得るための馬産の努力が重ねられてきた。そこでは、すぐれた資質の馬とはいかなるものと考えられていたのだろうか。十五世紀末の書のなかに、「駿馬《しゅんめ》の特質」が記されている。

「駿馬というものは一五の特質をもっていなければならない。すなわち、男の特質三、女の特質三、狐《きつね》の特質三、兎《うさぎ》の特質三、ロバの特質三である。

男の特質として、勇気、誇り、頑強さ
女の特質として、豊かな胸と髪、さらによく動く唇
狐の特質として、美しい尾と短い耳、さらには軽快な脚さばき
兎の特質として、大きな目と乾いた頭、さらにはすばらしい疾駆
ロバの特質として、大きな顎《あご》とまっすぐな四肢、さらには立派な骨」

こうしてすぐれた資質をもつ馬を得ようとする努力が重ねられてきた。だが、競走馬という観念が生まれるには、なかでもスピード（速度）とスタミナ（持久力）を重視するという価値観がめばえなければならない。そのような観念や価値観が人々の意識に浮上するには、なお数世紀を待たなければならなかった。

第2章　英国王の庇護のもとで
――近代競馬の胎動

最古の競馬場チェスター

一四九二年、ジェノヴァ出身のコロンブスがアメリカ大陸を発見した。その三〇年後には、ポルトガル人マゼランが最初の世界周航に成功した。イベリア半島から西回りに出航して三年後に同地に戻ったのである。

そのころイギリスを治めていたのはヘンリー八世（在位一五〇九－四七年）である。みずからの離婚問題でカトリック教会と対立し、教皇と絶縁して、国王を最高位とするイギリス国教会を確立した。このような国政のなかでの活動のかげで、ヘンリー八世は馬について並々ならない関心をもっていた。

馬の育成のために立派な牧場が創設される。この王室牧場には、種牡馬*として、北アフリカ産馬、イベリア産馬、イタリア産馬なども入厩《にゅうきゅう》した。ヘンリー八世は競馬にひとかたならぬ興味をいだいていたが、そのころの競走馬は去勢されており、およそ血統などが考慮されることはなかった。王侯貴族たちが自分の自慢馬を持ちよってマッチレースを行い、しばしばそれを国王が後援していた。彼ら王侯貴族の競馬は起伏にとむ原野を走路も定まらないまま二頭の馬が競うものであった。

これとは別に、民衆の間でも、競馬への関心がめばえ、やがて常設の競馬場も姿を現す。

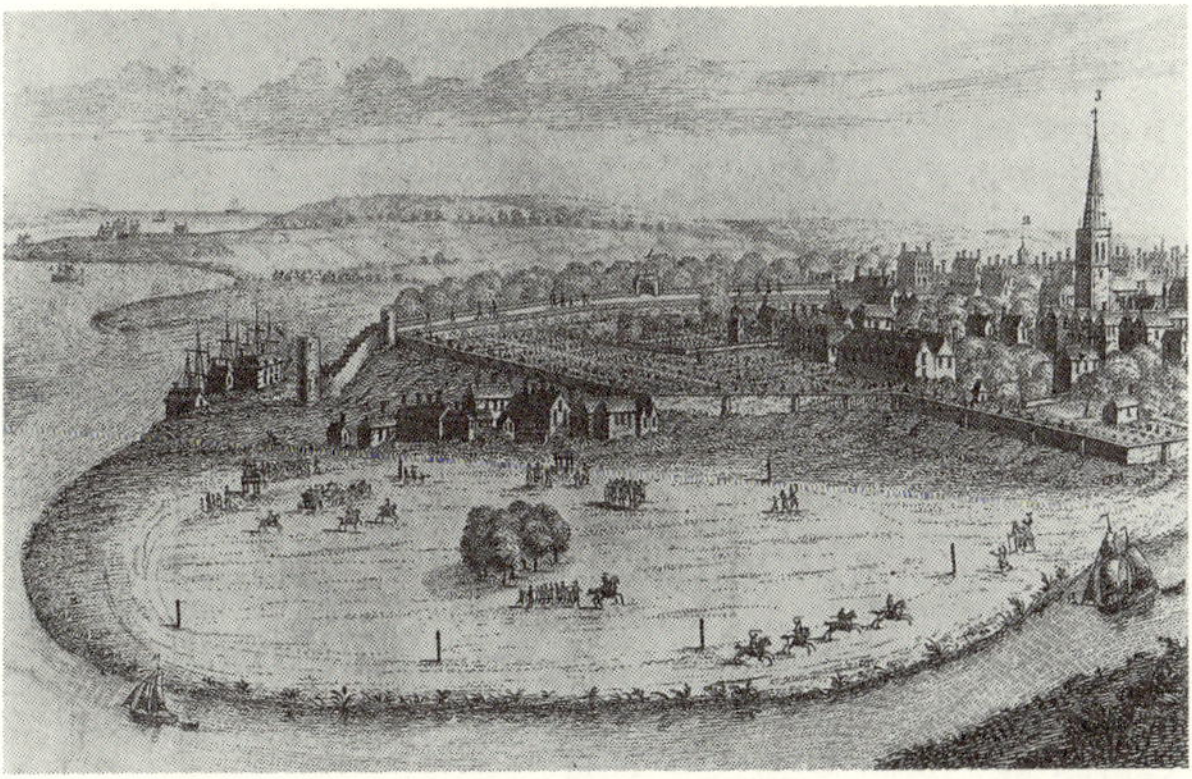

図3　チェスター競馬場

イングランド西北部にあるチェスターはかつてローマ軍の要塞があった町である。街はずれにルーディーとよばれる河岸《かがん》台地がある。そこでは古来さまざまな競技会がもよおされていた。一五一一年、そこで競馬を行うことが決議された。もっとも、当初は比べ馬*のような遊びにすぎなかった。

やがて、同王治世の一五四〇年、ここに最初の競馬場が常設される。ほとんど円形の競馬場の周りに観衆が集まり、声援を送った。それはまるで古代の戦車競走場のような雰囲気だった。この最古の競馬場は今日でも最小規模の競馬場として残り、小回りコースであるために乗り方が難しい。それだけ観衆の関心も高く、馬にもチェスター・スペシャリストなる呼び名があるほどだ。

このころ競馬そのものは各地で開催されていた。常設の施設があったかどうかはともかく、馬の競走があったことは明らかである。ヘンリー八世の娘であるエリザベス一世（在位一五五八－一六〇三年）が、一五七四年にクロイドンでの競馬を観戦した記録がある。その一一年後には、そこで女王一行のための特別観覧席が設けられたという。また、女王はソールズベリーでの競馬を観戦したこともあるらしい。

このころには、イギリス国内の十数か所で定期的な競馬が行われていた。そのほかの地でも断続的に開催されており、それぞれに独自な形で競馬を楽しむ人々がいた。イングランド北部のドンカスターでは、すでに十六世紀末には大きなスタンドが設けられ、「競馬場の走路を整備するために」人を雇って賃金を払っていたという。一五九五年のドンカスターの地図には、二つの競馬場が載せられている。これらの競馬場の多くは地方自治体の所有する場所にあり、王侯貴族の保護はあっても、市や町の手で開催された。

狩猟から競馬へ

競馬が貴族たちの楽しみになりつつあったとはいえ、十六世紀にはまだ狩猟の人気にはかなわなかった。だから、当時の記録には「研究し、訓練し、仕事とし、話題にするのは狩猟のことばかり。ひたすら狩猟におぼれ、ほかには何もできず、話題にさえしない」とある。だから、十七世紀の初めに、ジェームズ一世（在位一六〇三－二五年）がニューマーケットを訪れたのも狩猟のためだった。彼は猟犬と鷹《たか》をともない、ヒース（ツツジ科エリカ属の植物）の咲き乱れる広大な草原地と獲物のいる雑木林を通りかかった。その傾斜のある風景の美しさと獲物たる狐の多さには感嘆するほかはなかった。それ以来、ここに通うようになり、真冬になると数週間も滞在し、政務まで済ませたという。あげくの果てに宮殿のごとき別荘まで建てるほどだった。この地で狩猟競技がくりかえされ、やがて競馬も行われた。

一六一九年三月十九日、皇太后の逝去後二週間余りのジェームズ一世をめぐる出来事がある。「ニューマーケットで競馬があったが、ここからの帰還があまりにも遅れたがために、国王はしかたなく健康を害したという理由で休養をとった」と記されている。このころには、競馬に関する規則を定める動きもあり、出馬登録、負担重量、反則、前検量と後検量、失格などをめぐる事項があったという。

ニューマーケットにはすでに王室の広大な厩舎*もあり、当初は狩猟と馬上槍試合のためのものだったが、競走馬も育成されるようになる。貴族たちが自分の馬を持ちよって賞金一〇〇ポンドのマッチレースを行ったりもした。記録に残るかぎり、一六二二年、ニューマーケットでの最初のマッチレース（二頭立て）が行われている。

このころから、ヒート競走とよばれる競馬も行われるようになった。一つのレースがたとえば三つか四つのヒート（予選競走）からなり、複数のヒート勝ち馬がレースの優勝馬になるというもの。しかも、一日のうちに数十分の休憩をおいて何回もヒートがくりかえされるという過酷な競走だった。

つづくチャールズ一世（在位一六二五－四九年）の治世には、王室の競馬施設が運用されるようになった。一六三四年には、このニューマーケットでも、プレート（楯《たて》あるいは銀杯・金杯）を争奪する競馬が開催されている。もっとも、ほかの地方ではすでに各地で行われていた競馬の形であったのだが。今日ではダービーやオークスの開催地として名高いエプソムだが、あの起伏のある草原でも、一六四〇年、競馬が行われたという記録がある。ケンブリッジから二〇キロほど離れ、バスで二〇分余りにあるニューマーケットは、今日、イギリスばかりか世界の競馬の聖地という趣きさえある。それもジェームズ一世の孫チャールズ二世（在位一六六〇－八五年）がこの地に競馬を定着させてからである。国王はニューマーケットに年二回ほど訪れ、それに合わせて、ここで春と秋に競馬を開催する伝統が生まれた。

この競馬場には二つの走路があるが、この草原の走路を二分する土塁はデビルズダイク（**Devil's Dyke**）とよばれる史跡でもある。古代のケルト部族がローマ軍に抵抗するために築いたもの。古くからある走路ローリーマイルコースはチャールズ二世お気にいりの乗用馬オールドローリーに由来するらしい。

ニューマーケットに王宮の厩舎（Palace House Stable）をかまえていたチャールズ二世は、競馬観戦を好んでいたばかりではない。国王自身が騎乗してレースに出場するほどだった。一六七一年には、国王みずからが数年前に創設したプレート競走に出場し、このニューマーケットタウンズプレートを制している。これは国王自身が騎手として主要なレースに勝利した最初の出来事だった。さらに、一六七四年の特報によれば、「昨日、陛下はみずから予選レースの三回と決勝レースに出場して、優勝楯を獲得された。四レースはいずれも激しいものだったが、陛下は優秀な騎乗技術によって、勝利されたのである」。

これらは国王優勝の最初の事例であるばかりか、今のところイギリス史上における唯一の事例でもあるのだ。

賭博の横行

つい一世代前には、王党派と議会派の間で内乱がおこり、一六四九年には国王チャールズ一世が処刑されたほどだった。いわゆるピューリタン革命であるが、このとき共和国政府は国中の競馬を禁止した。しかし、禁止の布告はほとんど守られなかったらしい。やがてフランスにいた息子がよび戻されチャールズ二世として迎えられ、王政復古となった。

このような時代風潮のために、競馬に興ずる国王に不満をいだく者もいた。ある詩人は不快感をもらし、嘆いている。

「安逸が訪れ、今や使い古された剣は鞘《さや》におさまり、豪奢《ごうしゃ》がチャールズとともに戻ってきた。あらゆるものが外国の宮殿の趣味に合わせて改良され、誰もが国王を手本にしながら生きて恋をしたのだ。貴族たちは騎乗技術に勝ることをますます誇り、ニューマーケットの栄光は上がり、イギリスの光輝は地に落ちた」

このころ、ニューマーケットでもほかの競馬場でも、競馬の規定はまちまちだった。プレート競走だけが正式の規定をもっていた。ある貴族二人が持ちよった馬の「マッチレースは距離がわずか一マイル半であった。あまりにも短距離すぎたので、公正な発馬をするという条件で、数千ポンドが王宮中で賭けられた」という。マッチレースは四マイル（約六四〇〇メートル）が通常であり、それ以上の長距離もあったから、一マイル半（約二四〇〇メートル）は例外的な短距離レースであった。今では、ダービーもキングジョージも凱旋門賞もこの距離で行われているのだが。

プレート競走は完璧《かんぺき》にして公式な規定を設けていた。チャールズ二世即位後一七年目（一六七七年）、「ニューマーケットの新しい円形走路でのプレート競走において、騎乗者すべてが遵守するように国王から命令された条項が制定された」のである。

この王政復古の変革期における生活風景は、海軍官僚ピープスの『日記』によってよく伝えられている。そのころ、エプソムは下剤効果のある鉱泉が出ることで名高かった。大食漢が治療のために殺到する保養地であり、競馬はたんなる余興にすぎなかったという。チャールズ二世の晩年のころ「エプソムの水を飲む季節の期間、ロンドンとエプソムの間で、日毎《ひごと》、競馬の発馬とゴール地点があちこちに移動する」と書き記されている。

チャールズ二世が逝去すると、弟のジェームズ二世（在位一六八五−八八年）が即位した。それまで兄同様に競馬に熱心だったが、国王になると競馬場から足が遠のいたという。もともと兄王もカトリック親派であったが、弟王はカトリックを復活しようとした。そのために、国教会を擁護する議会派が反発して、国王は亡命を余儀なくされてしまう。一六八八年のいわゆる名誉革命である。

オランダから招かれ英語もよくわからないウィリアム三世（在位一六八九−一七〇二年）はメアリー二世（ジェームズ二世の長女）とともに王位につき、議会提案の「権利章典」を制定した。国民の生命・財産の保護、言論の自由が確認され、立憲王政が確立した。

ウィリアム三世は生真面目《きまじめ》で公務に誠実だったが、合間には競馬にも賭け事にも熱心だったという。このために競馬の開催日が増えるほどだった。つづくアン女王（在位一七〇二−一四年）はジェームズ二世の末娘であり、競馬にも十分に配慮した。ニューマーケットの施設を維持するために、競走馬管理の専任官吏を任命し、この役人とはたびたび面会するほどだった。

　彼女の治世には、北部の中心をなすヨークでも競馬がしばしば行われるようになった。もともと古代にはローマ軍の要塞があり、そこでは戦車競走も開催されていたという。一七一三年には女王みずから臨席し、自分の所有馬を出走させるほどだった。また、ロンドンの西方にあるウィンザー王宮から近いこともあって、アスコットでも競馬がはじまっている。一七一一年の官報にも「一〇〇ギニーのクイーンズプレート競走が、ウィンザー近くのアスコット公有地の円形走路で、新しくヒート競走として開催される」と公示されていた。アン女王の好む競馬がのちにロイヤルアスコットの祖型になったという。

　このころ競馬場の内でも外でも、賭博《とばく》が盛んであったという。すでに十七世紀後半のチャールズ二世の治世に、賭博の流行を危惧する声があがっていた。法律の前文で、賭博は「階級をとわず、青年たちの時間を浪費させ、彼らの財産も運命も破滅させる」と嘆かれている。王宮でも大きな賭け事が目撃されている。「淑女たちすらも賭けの深みにはまった」という。派手な賭け事が目立つようになると、競馬を愛したアン女王ですら賭博禁止令を出さざるをえなかった。このために、いささか下火になったが、あいかわらず競馬場では賭け事が横行していた。

イタリアのパリオ競馬

大陸ヨーロッパにおいては、馬術競技への情熱は高かったが、競馬への関心は低調だった。もちろん、イタリアでは、良質の馬が出走するパリオ競馬（勝者に与えられる絹の旗「パリオ」を競う）が各地で開催されていた。富豪の貴族たちが競って自分の所有馬を参戦させていた。しかし、このころの競馬は古式競馬とでもいえるものであり、直線で争われることが多かった。

十七世紀になると、とくにシエナでは、富裕市民ではなく、庶民階層の市民たちの手でパリオ競馬が開催されるようになる。だが、馬そのものは必ずしも良質なものではなかったという。このとき、競馬の走路に大きな変化がおこっている。広場を開催場所として、そこに円形コースを設け、何周も走る形態が生まれたのである。

同世紀半ばには、このような円形のパリオ競馬が定期的に行われるようになった。このような広場や街路を走路とする競馬は、シエナのみならずイタリア各地で行われていた。だが、競馬そのものはたんなる民衆の気晴らしであり、泥酔した野次馬たちのあふれるお祭り騒ぎにすぎなかった。

パリオ競馬の情熱はフランスに伝わることはなかったらしい。ここでは、十七世紀のルイ十四世（在位一六四三―一七一五年）の治世に、真の意味でも競馬といえる競走が現れている。

二人の貴族が所有馬を持ちより賭けて荒野で競走する形があり、多数の者が仮設の競馬場で所有馬を出走させる形もあった。名高いものとして、一六八三年、国王と廷臣が臨席するなかで開催された国際競馬らしき競走があった。このとき優勝した馬には国王から賞金が与えられている。国王は勝ち馬の所有者に、その馬を売ってほしいと求めたが、所有者は拒否したという。そのうえで、国王に同馬を進呈すると申しいれたが、国王は丁重に断ったという美談がある。一六九二年に開催されたマッチレースでは、イギリスから追放されたジェームズ二世も観戦していたと記されている。

第3章　サラブレッドの誕生

——品種改良のはじまり

アラブ馬の渇望

イギリスを中心に競馬が開催されるようになったとはいえ、ヨーロッパ全体としてみれば、イギリス産馬の能力が高かったわけではない。そもそもイギリスには十七世紀末までアラブ馬はわずかしか持ちこまれていなかった。十八世紀になっても、ハプスブルク帝国の芦毛馬《あしげ》*リピッツァナー種や新興国プロイセンの非凡なトラケナー種を凌《しの》ぐ馬はいなかった。

リピッツァナー種は十六世紀末にイベリア半島から輸入された種牡馬と牝馬を根幹とする。体形はこぢんまりとしているが、厚みがあり、筋肉質である。敏捷《びんしょう》で活動的であり、穏やかな気質であるから、高等馬術に適しているという。トラケナー種は十三世紀にさかのぼる古い品種であるが、活力と持久力を備えたすぐれた馬であった。十八世紀後半には軍馬として比類のない存在となり、現代の馬術競技では理想に近い品種と言われる。どんな歩様《ほよう》*のときでも動きに自由さがあり、バランスのよい体形で敏捷である。

これらの馬はアンダルシア馬やアラブ馬を配合することによって生産されたのである。さかのぼれば十六世紀ごろからポーランドではアラブ馬が多量に集められていた。これらの馬資源を基にして、大陸ヨーロッパでは敏捷で速度があり持久力もある最良の馬が生産されていたのである。

十八世紀まで、軽種馬生産の世界では、イギリスは後進国でしかなかった。それをさかのぼれば、十六世紀になってヘンリー八世の治世に専制政治が進展するなかで、王室牧場が創設されている。馬の輸入計画が重視され、馬を購入するために、イタリアとスペインに代理業者が派遣された。さまざまな馬種がいたが、アラブ馬やその系統を継ぐターク馬（トルコ馬）、バルブ馬は少なかった。それらは別々に飼育せずに、互いに交雑させた。しばらくの間は優良な馬が出ていたが、やがて管理担当者が怠慢になり、馬種改良計画はたいした結実ももたらさなかった。

十六世紀後半のエリザベス一世の治世には、火器（銃や大砲など）が盛んに用いられるようになり、騎馬軍団の戦闘形態が大きく変わりつつあった。重い甲冑《かっちゅう》を装備して騎乗する必要がなくなり、敏捷さに重きをおいて軽種馬の生産が注目されるようになる。このような軍事目的での馬匹改良がくりかえされ、選択基準としてスピードへの期待が高まっていく。

もともと競馬は王侯貴族の遊びとして進展してきたものである。だが、十七世紀になると、すぐれた競走成績を残した馬が次の世代を残すためにますます大事にされるようになる。馬が疾走する瞬発力とともにそれを持続する耐久力も求められた。娯楽としての「競馬」とすぐれた競走馬を得るための「馬産」が両輪となって動き出したのである。

十七世紀後半になると、すぐれた競走馬を開発しようとする人々がうごめきだす。まずは国王をとりまく王室牧場の関係者がいる。彼らは各国駐在の大使や特任使節に指示して種牡馬の輸入に努めた。チャールズ二世はルイ十四世からの贈り物として、また王室に入る花嫁の持参金の一部として、馬を手に入れている。さらにはトルコ駐在大使に牝馬を送るように命じたという。

ウィリアム三世のころ、アラブ馬が到着したという記録がある。一六九九年には、北アフリカのチュニス（現在のチュニジアの首都）からバーバリ馬の牡馬九頭と牝馬五頭が輸入されている。また、バルブ馬やターク馬も連れてこられたという。

次に、爵位のある貴族や富豪たちが馬産に取り組んでいる。とくにウォートン侯爵トマスは職業として政党政治家になった最初の人物だが、自分の信念と技術を生かして競馬の世界で活躍した。中南部のバッキンガムシャーに大牧場をもっていたが、残念ながら、すぐれた馬を生産する運には恵まれなかった。自分の経営する競馬場をもち、ある時期、人々の注目する競馬が開催されたらしい。

さらには、爵位をもたない地主たちも馬産に熱意を注いでいる。当時を知る『日記』の作者である海軍官僚ピープスによれば、彼らは領地をもっていたが、王宮に出入りすることはなかった。海外から馬を輸入したが、多くは種牡馬であり、牝馬は少なかったという。

個人の牧場でも、別々にターク馬やバルブ馬が輸入されている。これらのなかには戦場で捕獲された馬も少なくなかったらしい。一六八三年、オスマン帝国軍がウィーンを包囲したときに捕らえられたターク馬三頭が、翌年、ドイツ人の手で連れてこられた。当時の人は「このなかの一頭ほど優美な馬を私は見たことがない。美しい馬格は称賛に値し、均整がとれており、元気がよく、敏捷でいながら堂々としている……」と記している。もちろん、馬産関係者には垂涎《すいぜん》の的であり、王宮の人々はこの馬を欲しがった。ターク馬とよばれても、それらはアラブ系の馬種であった。いずれの牧場に入ったかは定かではない。

サラブレッドの三大始祖

そのころは、しばしば、ターク馬がトルコ士官の手で盗まれたり、連れてこられたりしていた。これらの馬は砂漠にも適応できるアラブ馬であった。オスマン帝国のトルコ軍がハンガリーに侵攻し、ヨーロッパは危機に直面した。イギリスから義勇兵を率いて参戦したロバート・バイアリー大尉は、一六八八年、ターク馬の一頭を捕獲している。敗走するトルコ軍から奪い去ったもので、大尉はイギリスに連れて帰った。やがて、大尉は大佐に昇進し、アイルランドでおこった反乱の鎮圧にあたり、めざましい武勲をあげている。このとき大佐が騎乗していたのが連れ帰ったターク馬であった。騎兵隊を指揮する大佐は戦闘前の偵察中に反乱軍に包囲されてしまう。だが、騎乗していたターク馬は敏捷で素軽く、すさまじいほどのスピードを備えていた。この馬で大佐は包囲網を突破し、難をのがれたという。

戦乱が終わると、大佐はイギリス北東部にある生地ダラムに戻り、優秀きわまりないターク馬を種牡馬にした。やがて同馬はヨーク近郊の牧場に移され、かなり老齢になって世を去った。生年が定かでないので正確な年齢は不明だが、二十六歳ぐらいだったらしい。種牡馬として大成功をおさめた同馬はバイアリータークとよばれ、やがてサラブレッド三大始祖の一つとなる。

残された絵画から見れば、バイアリータークは精悍《せいかん》な黒鹿毛《くろかげ》*（青毛《あおげ》*という記録もある）の馬である。気性は素直であり、なによりも速力にすぐれていたことで名高かった。同馬が配合された牝馬はそれほど多くなく、牝馬の質も低かったという。

それでも産駒《さんく》*のなかから六頭の勝ち馬を世に出した。バイアリータークの系統が確立したのは、孫のパートナーとその孫ヘロドによる。一七一八年生まれのパートナーは全盛期にはニューマーケット競馬場における最優秀競走馬であった。一七五八年生まれのヘロドは競走馬としても優秀であったが、種牡馬としての実績はすさまじかった。なにしろ、その産駒が合わせて一〇〇〇勝以上をあげているのだ。

十八世紀初頭、中東地域から「最高の評価を得た」アラブ馬がイギリスに直輸入された。ヨークシャーの生産者ダーレー一族がシリアのアレッポの商人であった親族を通じて購買したと伝えられている。しかし、ダーレー家の古文書を調査した近年の報告によると、むしろ盗み出されたというのが実情に近いようだ。このアラブ馬の所有主が売買を拒否したらしい。この所有主の牧場不在の闇夜《やみよ》を狙って、イギリス艦船が近くに停泊し、水兵たちが同馬を強奪した。彼らの手で艀船《はしけぶね》に乗せられ、同馬は連れ去られたのである。もちろん帰宅した所有主は激怒し、牧場長と牧夫の一人を拷問《ごうもん》にかけ、広場で処刑したという。彼はイギリスのアン女王宛に「かけがえのない、王の身代金より高価なアラブ馬が女王殿下の国の何者かの手で盗み去られた」という抗議の書簡を届けている。後日、ダーレー一族の一人が殺害される事件がおこったが、所有主の報復だったとしても不思議ではない。

図4　バイアリーターク

四歳春にイギリスに連れてこられたアラブ馬は競走馬として出走したことはなかった。ヨークシャー州のダーレー一族の地所にある牧場で養われ、一家の乗り馬であるとともに、むろん種牡馬としても供用された。このアラブ馬がダーレーアラビアンとしてサラブレッド三大始

図5　ダーレーアラビアン

祖の主翼をになうことになる。

残された絵画から見れば、ダーレーアラビアンは左前脚と両後脚の先が白く、顔に大きな白徴《はくちょう》*のある、三白流星《さんぱくりゅうせい》*の鹿毛馬である。均整がとれており、軽快そうな歩様が感じられる。体高が一五〇センチメートル以上であったというから、当時のアラブ馬にしては大柄だった。

一七〇〇年生まれのダーレーアラビアンはダーレー一族の牝馬としかほとんど交配されなかったので、生涯で残した産駒は数十頭にとどまった。しかし、皮肉なことに、数少ない他の馬主の所有する牝馬から優秀な馬が出てきた。レナード・チルダーズ大尉の所有する牝馬であり、これを母馬として相次いで二頭の馬が生まれた。兄フライングチルダーズはイギリス史上不世出の名馬と讃えられた。全弟*馬バートレッツチルダーズは鼻血を出す癖があったので調教をつづけることができなかったという。しかし、兄馬の実績から全弟馬にも種牡馬としての期待がかかり、直父系*の曽《ひ》孫《まご》が後世に名を轟かす、かのエクリプスである。

サラブレッド三大始祖の最後がゴドルフィンアラビアンである。一七二四年生まれの同馬はアラビア半島南西端にあるイエメンの純血アラブ系の馬である。当初はシャムとよばれていたという。シャムはシリア経由でチュニスの総督のもとに届けられたが、やがてほかのアラブ馬三頭とともにフランス国王ルイ十五世（在位一七一五－七四年）に献上された。

パリに着いた四頭とも痩《や》せこけて見栄えがしなかったらしい。ほかの三頭は地方に送られ、六歳馬シャムは水の運搬車を引いていたが、そこに通りかかったイギリス人の目にとまったという。イギリスに渡った後、一七三三年、最終的にゴドルフィン伯爵によって取得された。その後の二〇年以上にわたってニューマーケット近郊の牧場で種牡馬として供用されたのである。

同馬は北アフリカから連れてこられた経歴と同地

図6　ゴドルフィンアラビアン

産のバルブ馬の相貌をしていたことから、ときにゴドルフィンバルブとよばれた。だが、今日、それは一種の勘違いであり、ゴドルフィンアラビアンとよぶ方が適切だと考えられている。

多くの絵画が残されているが、なかには終生の友だった猫のグリマルキンと向かい合った、微笑《ほほえ》ましいものもある。ゴドルフィンアラビアンは堂々たる黒鹿毛の馬体であり、首さしはたくましく、豊かなたてがみをもち、その点で比類がない。

同馬はレースに出走したことはなかったが、種付け初年度の産駒であるラスが競走馬として大活躍をし、フライングチルダーズ以来の最強馬と讃えられた。だが、ゴドルフィンアラビアンは種牡馬としてはそれほど供用されず、生涯産駒は九〇頭にすぎなかった。ところが、最強馬ラスの全弟ケードは種牡馬としてマッチェムの父となった。このマッチェムこそが十八世紀の大種牡馬となり、その血脈を今日に伝えている。ゴドルフィンアラビアンの死から数年後には「この馬がより広く、よりすぐれた牝馬に供用されなかったのが残念である」と慨嘆する声があがったほどである。

エクリプス誕生

ところで、イギリスの伝統では、これら三頭がサラブレッドの始祖とされ、根幹種牡馬となっている。これらの中東産アラブ系の種牡馬にあてがわれた牝馬はどのような系統をもっていたのだろうか。血統登録などそれほど意識されない時代だから、正確な由来は不明だろうが。

十八世紀前半には、東方系の種牡馬がイギリス在来の牝馬やヨーロッパ産のアラブ牝馬と配合され、やがて競走能力にすぐれた馬の生産が目立ってきた。とはいえ、これらの牝馬の先祖は曖昧《あいまい》であり、これ以上、母系をさかのぼることは無益であろう。しかし、のちに三大始祖となる種牡馬以外にも、多くのアラブ馬が輸入され、馬種の改良が試みられている。後世の結果としてたどれば、直父系がバイアリーターク、ダーレーアラビアン、ゴドルフィンアラビアンの三頭にたどりつくだけにすぎないのだ。

しかしながら、これら東洋種の三頭の産駒が競走馬としての活躍が目立ってくるにつれ、アラブ系の東洋種の新しい血を導入することへの熱意が薄れていったらしい。血統に関心のある後世の著述家はゴドルフィンアラビアンが到着した以後のアラブ系種牡馬のリストは無意味であると判断して、作成しなかったという。つまり、アラブ系種牡馬を輸入し交配してすぐれた競走馬を得るという事業はここで完成の域に達したのである。これまでの手続きによる馬匹改良は限界に達し、イギリスで誕生した馬をいかにしてよりすぐれたものにするかという意識がめばえていたことになる。もはや外来の馬を混入する余地はなくなり、独自の道が開かれたのだ。後世からすれば、それは新しい純血種である「サラブレッド」の誕生ということになる。

これら三頭の根幹種牡馬の産駒とその子孫のなかでも、競走馬および種牡馬として傑出していた三頭が出現した。ゴドルフィンアラビアン系のマッチェム（一七四八年生まれ）、バイアリーターク系のヘロド（一七五八年生まれ）、ダーレーアラビアン系のエクリプス（一七六四年生まれ）である。

マッチェムはすぐれた競走馬であったが、卓越したと言えるほどではなかった。ヘロドもまた競走馬としてすぐれていたが、最強馬と言えるほどではなかった。だが、エクリプスは異なっていた。

現在のイギリスの王朝（ウィンザー朝）に連なるハノーヴァー朝の王族はもともとドイツの出身である。十八世紀初頭に移住し、その系統の二代目ジョージ二世（在位一七二七－六〇年）の三男はカンバランド公爵とよばれた。彼は「ひどい嫌われ者」だったというが、賭博好きで馬産事業には熱心だった。一七五八年生まれの牡馬にヘロドがおり、のちにバイアリーターク系の血を一身で伝える名種牡馬として今日の世にもその名は轟いている。

一七六四年四月一日、イギリスは日蝕《にっしょく》におおわれた。少しずつ太陽が隠れていくと、風がさざめき不気味な感じがする。その日にカンバランド公爵の牧場で一頭の牡馬が生まれ、日蝕にちなんでエクリプスと名づけられた。残された絵画の示唆するところでは、顔と一本の後脚に白斑のある栗毛の馬である。

不運にも、翌年、四十四歳の公爵は脳血栓で死去し、所有馬はすべて売却された。エクリプスは明け一歳だったが、大きくても見栄えがしなかったせいか、売れるかどうかわからなかったらしい。金持ちの精肉業者ウィリアム・ワイルドマンは異常なほどエクリプスに注目したが、すでに買い手がいたという。だが、公示された競売時刻の前に買い手がついていたので、ワイルドマンは競売のやり直しを申し出て認められ、七〇ギニーで購買した。一ギニーは金貨の単位だから、かなりの高額である。彼はロンドンの南にあるサリー州で牧場も経営しており、エクリプスをそこへ連れていった。

エクリプスは成長するにつれ、気性が荒く手に負えないところがあった。一時は去勢も考慮されたというが、幸運にもそうならなかった。ワイルドマンはそれを気質の悪さというよりも、気まぐれだが威勢がいいと見なしたのだ。もし去勢されていれば、今日の世界の競馬はまったく様相を異にしていたかもしれない。

彼はエクリプスをエプソムの荒馬乗りで名高い調教専門家に送りこみ、そこで競走馬として訓練させることにした。ところが、昼夜をとわず騎乗しても、エクリプスの気概は衰えなかったという。あたかも永遠に走りつづけるかのようだった。

成長したエクリプスの体高は一六〇センチメートルほどだったというから、当時としては破格だった。胴が長く、後軀《こうく》と前脚がすばらしく発達しており、完歩*が大きかったことを示している。

その当時は五歳になるまでレースに使われることはなかった。ワイルドマンはそれまで待ったが、初出走の前に歴戦の古馬を相手にエクリプスを試走させることにした。その試走を目撃した老婆の噂《うわさ》が広まる。ものすごい勢いで走りぬけた脚一本が白い馬がいて、はるか後方から離されるだけの追走馬がいたという。まるでその馬は世界の果てまで走っていくかのようだった。

なるほど一七六九年五月三日の初出走は噂にたがわずエクリプスの大楽勝だった。五頭立ての四マイル（約六四〇〇メートル）のヒート競走。ヒート競走はどの馬かが二回勝てばレースを制覇したというルールだった。五月二十九日の二回目のレース、エクリプスはもはや衆目一致の大本命だった。勝ち馬に賭けても、元返しにもならない。ある賭博師は入着順位を当てるという条件で賭けに応じることにした。このとき、囚人あがりの賭博師デニス・オケリー少佐（のちには大佐になる）がいてこう予言した。「エクリプス1着、ほかの馬はどこ

図7　エクリプス

にもない」。たしかに2着馬以下は人の視界の届く範囲のどこにも見えなかったという。この予言は競馬史のうえでもっとも名高いせりふとなっている。それほどエクリプスの強さはきわだっていた。

オケリー少佐は翌月には大金を積んでエクリプス所有者の半分の権利を譲りうけ、翌年にはさらなる大金をはたいて残り半分の権利を買い取った。まさしく個人としてエクリプスの馬主になったのである。

六歳になっても、エクリプスの首筋は短く、尻が異常なほど高かったという。形状として見れば決して見栄えはしなかったが、勝負根性が並はずれていた。おそらく心臓が大きくて強かったのだろう。スピードがあり、完歩が大きく、重量負担に耐える能力、向かい風に抗する能力があり、なによりも耐久力に恵まれていた。

エクリプスは五歳と六歳の二年間で計一八レースに出走し、全勝だった。とはいえ多くの馬主が自分の馬をエクリプスと走らせたがらなかったので、単走レースも多かった。しばしば一二ストン（約七四キロ）を負担したにもかかわらずエクリプスは絶対の本命であったが、負かした相手馬はせいぜい二〇頭ほどにすぎなかったという。だが、着差は一ハロン（約二〇〇メートル）以上になることも少なくなかった。一一のキングズ賞杯《プレート》競走などをふくむ当時の最高峰レースに出走し、そのうち七回は楽勝だったという。生涯一度も鞭を入れられることもなく、全力疾走を強いられることもなかった。まぎれもなく無敵の最強馬であった。

その当時は七歳を過ぎて競走馬として完成に近づくと見なされていたから、六歳での引退は早すぎるほどだった。エプソム近郊の牧場で種牡馬として繋養《けいよう》されたのである。種牡馬としての実績も卓越していたが、一七八九年、疝痛《せんつう》（発作性の腹痛）のために、二十五歳で息をひきとった。その驚異的なスピードの秘密を探るために、エクリプスの骨は保存され、この骨は今日でもニューマーケットの国立競馬博物館（The National Horseracing Museum）で見ることができる。

ダービー（The Derby）はエクリプスが種牡馬として活躍中に創設されたばかりだったので、最初の五回のダービーのうちの三回はエクリプスの産駒であった。そればかりか、二十世紀初頭に出版された本によれば、それまでの一二七頭のダービー馬のうち八二頭がエクリプスの直父系産駒だったという。十九世紀以降の競馬にエクリプスの影響が計り知れないものであったことがしのばれる。現在のサラブレッドの直父系をさかのぼれば、九割以上がエクリプスにたどりつき、牝系まで考慮するとエクリプスの血が入っていないサラブレッドはいないと言っていいだろう。

ところで、バイアリーターク系のヘロドの産駒でもっともきわだっていたのが一七七四年生まれのハイフライヤーである。同馬の初出走は三歳時であったが、このころ従来よりも若い馬を出走させる動きが生まれていた。生涯負けることがなく、死後の墓碑には「完璧にしてかつ美しき均整のとれたハイフライヤー、ここに眠る」と記されている。

十八世紀末には、エクリプスとハイフライヤーが傑出した種牡馬として認められたので、競走馬の生産でもさまざまな試みがなされた。エクリプスにはヘロド牝馬（ヘロドを父にもつ牝馬という意味）およびハイフライヤー牝馬が交配されたし、ハイフライヤーにはエクリプス牝馬がしばしば種付けされた。

このころには若駒《わかごま》のレースも行われるようになっていたが、エクリプスとハイフライヤーの産駒には三ポンド（約一・四キロ）の増量負担が課せられたという。両馬が競走馬および種牡馬としていかに卓越していたかがわかる。

しかしながら、エクリプスやハイフライヤーの強さはあまりにも伝説化されているという指摘もある。これらの話題は、あくまでブリテン島だけにかぎられた話でしかないことも忘れてはならない。というのも、十八世紀後半にあっても、イギリスは軽種馬生産の後進国であり、世界水準においてエクリプスやハイフライヤーが卓越していたかどうかは疑問なのだ。たとえば、ハプスブルク帝国に対抗する新興国プロイセンは国策としてトラケーネン牧場を経営しており、ここで生産されるトラケナー馬はスピードとスタミナにおいて当時の世界の頂点に立っていた。

とはいえ、軍馬や牽引馬《けんいんば》ではなく、あくまで競馬にこだわるイギリスにおいてすぐれた競走馬が生産されるのに、それほど年月はいらなかった。十九世紀になると、大陸ヨーロッパでも純血種サラブレッドのすばらしさを認めざるをえなくなるのである。

第4章　クラシックレースの成立

――十八世紀のヨーロッパ競馬

ロンドン再生とクラブの流行

一六六六年の九月、ロンドンで大火災がおこった。四日間にわたってロンドンは焼き尽くされ、二〇万人以上が家を失った。その後の布告で、新しい建物は煉瓦《れんが》造りか石造りとされ、街路は十分な幅をもつべきことが命じられた。

それにともない、ロンドンは、まったく新しい外観をもつことになる。おびただしい数のコーヒーハウスが開業する。やがて、その数は三〇〇〇軒以上にのぼった。そこはさまざまな情報交換や商取引の場であり、世論形成の場でもあった。しかも、あらゆる階層の人々が気ままに出入りしたので、喫煙の習慣やらの新風俗、新思想、流行語などがここから生まれている。それは市民生活のなかの開かれた空間であった。

しかし、十八世紀になると、閉鎖的なクラブや酒場に移り変わっていく。政治クラブ、文学クラブ、社交クラブあるいは秘密クラブなどが現れては消えていき、まさしくクラブの時代であった。このような雰囲気のなかで競馬を熱愛する人々の集まりが生まれたにしても、なんら不思議ではない。

競馬はいたるところで行われていたが、騎乗するのは馬主かその友人であり、規則もまちまちだった。それでも競馬への熱意は冷めるどころか、ますます高まり、どんな村でも優勝楯を供出していたという。八百長《やおちょう》や不正もめずらしくなかったから、競馬の規則を定め風紀をただすための動きがきざすことになる。

十八世紀前半の当時をふりかえる『競馬成績書』はこう語っている。「イギリス中のあらゆる階層で競馬が親しまれ、競馬の楽しみが身近に感じられるほど大いに高まっている。しかしながら、競馬をめぐって数多くの事故が派生している。競走の諸条件は多種多様であり、告示された規則の文面がしばしば勝手に解釈される。特殊な場面の賭け事について、その勝負の決定の手続きを理解している者ははなはだ少ない。その反面、それを熟知する者は、偏った見方をしながら不本意にその手続きに従っている。そのせいで、この種の事故がしばしば論戦や紛争を招いている。いつ果てるともない訴訟沙汰がおこり、多額の費用がかかる。さらに悪《あ》しきことだが、当事者の間に遺恨を残すことがある」

このような混乱がくりかえされれば、当然のことながら、それに対処する行動が求められた。大まかに言えば、それは二点にかぎられる。ひとつは終始一貫して適用される規則を断固として制定することである。もうひとつは、提訴を受理し裁定する権限をもつ団体を設立することである。

規則をめぐっては、これまでも制定されていなかったわけではない。もっとも重視されていたキングズ賞杯《プレート》競走に関する規則がある。だが、それ以外のレースを対象にするものではなかったし、その内容そのものも適切でないものがあった。また、十八世紀半ばの『競馬成績書』にはいくつかの規則がまとめて転載されているが、半分は賭け事に関するものだった。

レースをめぐるニューマーケットの事例には「ジョッキークラブに所属する貴族および郷紳《ジェントリー》階層の所有馬による、出走料なしの賞杯競走《プレート》を実施する予定である。これは一回のヒート競走により、円形コースを走り、負担重量は八ストン七ポンドとする」という注目すべき記述がある。「ジョッキークラブ」という団体が活動していたことがわかる。

ジョッキークラブの実力者

このクラブに集まっていた人々がどのような顔ぶれだったたか、その点はわからない。騎乗するのは馬主本人か彼の知人だったから、そもそもは同好の仲間の集いだったかもしれない。たんに酒宴の席を設けて陽気に歓談するだけが目的であっても不思議ではない。じっさい、一七五二年に、このジョッキークラブがニューマーケット市内に喫茶室を建てる場所をもらい、レッドライオン亭を建てて使用していたという。

このようなクラブは、ヨーロッパ大陸の人々から見れば、イギリス独自の社会現象であったらしい。馬術スポーツにかぎっても、狩猟のためのクラブも数多くあり、それらの狩猟クラブが競馬を開催することもあった。同じ興味をもつ人々が集まって余暇を過ごすのであり、競馬を主たる目的とするクラブがあっても例外ではありえなかったのだ。

おそらく当初の目的は会員のためにニューマーケットでマッチレースを開催することだったのだろう。それらの手配を進めるなかで、クラブでは貴族や大地主たちの間で生じた賭けの負債を清算するように調停することなどが必要になる。

そこから、クラブ内にとどまらず広い範囲にわたって、いかにして「制定する」力と「裁定する」力をもつことができるようになったのだろうか。かつてローマ人は「権威をもって支配せよ」と語っているが、おそらくこのジョッキークラブの構成員がかなりきわだった実力者たちであったにちがいない。

十八世紀半ばといえば、三大始祖の血をそれぞれ一身に受け継ぐマッチェム、ヘロド、エクリプスが相次いで生まれたころである。なかでもヘロドとエクリプスの生産者となるカンバランド公爵はひときわ目立っていた。なにしろ当時の国王ジョージ二世の三男であったからだ。

とはいえ、当時のイギリスではハノーヴァー朝の国王がドイツ出身であったことから、王位奪還をめざす政敵が息をひそめていた。これらの政敵に対する苛酷な扱いのせいで恐れられていた公爵は、そのころウィンザー公園の管理者でもあり、その地に牧場を創設していた。その牧場の周りは柵《さく》で囲われ、「公園のほとんどを隣人たちに使わせず、ひどく嫌われていた」と書きとめたのは、ホレス・ウォルポール（初代首相ロバート・ウォルポールの三男）である。彼は「公爵のひどい賭博ぶり」をも記している。

しかし、穿《うが》った見方をすれば、恐れられ嫌われるのも権威の一つであり、実力者たる所以《ゆえん》である。カンバランド公爵はジョッキークラブ初期の構成員であり、おそらく創設者の一人であったにちがいない。

このジョッキークラブから出た初の一般向けの命令が残されている。一七五八年、「二ポンドの重量超過が申告なしで許容される限度量である。それ以上の超過について申告を怠った場合は、失格とする」旨が公示された。文面の前半は「制定する」力であり、後半は「裁定する」力の表れだった。

一七六二年には二回目の命令が出され、ジョッキークラブ構成員が常時使用する騎乗服の服色が登録された。そのなかには、王族のカンバランド公爵、ほかの公爵五名、侯爵一名、伯爵五名、子爵一名、男爵一名がふくまれている。この事実は、身分が幅をきかせた社会にあって、クラブの権威の高さを示唆して余りある。もちろん、その権威にふさわしい権限も備わっていた。王族のカンバランド公爵がいたので、国王や親族からなんらかの権限を受け継いでいたにちがいない。ニューマーケットの役所にさえ影響をおよぼしていたのだ。

一七六四年にエクリプスが生まれ、その翌年に同馬の生産者であったカンバランド公爵が四十四歳の若さで死んだ。言い過ぎだろうが、畏怖されたが嫌われ者だったから、彼の早世はジョッキークラブにとって幸いだったかもしれない。

高潔なるバンベリー卿

そのころのジョッキークラブに入会した貴族にバンベリー卿《きょう》がいる。富豪であり、若くても尊敬されていたという。いささか鬱病《うつびょう》気味であったし、そう思われることを好んでいたらしい。政治にも芸術にも興味がなく、婦人にさえ関心がなく、もっぱら馬に乗って野原を駆けめぐるのが好きだった。

彼には美貌の夫人サラがいたが、そのころのニューマーケットの社交的な集まりについて「ニューマーケットはとても魅力あふれるところで、集まる人たち誰もが魅力的です」と語っている。そのせいだろうか、この美貌のサラはほかの貴族と駆け落ちしてしまう。夫人に捨てられたバンベリー卿は不幸だったが、それほど気にしなかったのかもしれない。この馬乗り好きの貴族は全生涯を競馬のためにだけ生きたと言えるのだ。

競馬にも関わりのある貴族たちは多かったが、彼らは競馬以外の関心事もあり、とりわけ婦人には目がなかった。だが、バンベリー卿の場合、そんな様子はまったくなかったらしい。それに加えて、ことさら誠実かつ公正で、ひとかどの勇気がある人物と見なされていた。これらの自然に身についたバンベリー卿の美徳が、その後のジョッキークラブに道徳をともなう権威をもたらすことになる。

なにはともあれバンベリー卿はハイフライヤーの生産者であった。あいにく同馬は売られた後で出走したが、バンベリー卿は多くのすぐれた競走馬の所有者であった。そればかりでなく、彼は十八世紀末の競馬界のさまざまな場面で重要な役割を果たしている。やがて彼は終身会長の地位に就いている。

図8　バンベリー卿

バンベリー卿のような有徳《うとく》の人物が中心となって活動したことで、ジョッキークラブの権威はますます高まっていく。責任を拡げながらニューマーケットでのレースを施行したので、ほかの競馬場からも競馬の諸問題について紛争解決の依頼が来るようになる。ただし、レースがジョッキークラブの施行規定にもとづいて実施された場合だけに責任をもった。

その権威に従わない者およびレースの規則に違反した者は締め出されることになり、競走資格を失うのであった。このようにして、ジョッキークラブはイギリス競馬の統轄府および立法府のような役割を果たしていくことになる。

一七九一年、それを象徴するかのような事件がおこった。王位継承者とされていた皇太子（のちのジョージ四世）の所有馬エスケープが惨敗したが、そのレースの翌日に一緒に走った馬たちと競走するレースで楽勝したのである。背後には賭け事の駆け引きがひそんでいたかもしれない。競馬の公正に配慮するジョッキークラブは断固たる態度でレースを審議する。疑惑を被って激怒した皇太子は、それ以降、ニューマーケット競馬場の競走から手を引くことになった。なによりも名誉を重んじるジョッキークラブの力を誇示する出来事だった。

競馬を統轄するためには、その基礎となる記録が必要だった。このようにして公式競馬成績書としてのレーシングカレンダーが生まれる。最初のレーシングカレンダーが出たのは一七二七年だった。表題は「一七二七年イギリスで行われた全マッチレースおよび一〇ポンド以上の賞杯《プレート》、賞金の全レースに関する資料一覧」である。作成責任者のジョン・チェニーは序文のなかで「私はイギリス中を訪れ、あらゆる地域で競馬開催時に居合わす人と契約し、私が行かない場所での関係資料をも作成させることにした」と語っている。同書には馬主名、服色、競走の条件、結果が掲載される。

それ以後、定期的に刊行されるようになり、予約購買者も現れる。競馬の記録に熱意をもつ者は後を絶たず、複数のレーシングカレンダーが出ることもあった。十八世紀後半になると、ジョッキークラブもこの作成に関与せざるをえなくなる。

一七七三年、マッチレース成績書の管理人であったジェームズ・ウェザビーはジョッキークラブからレーシングカレンダー発行の権限を与えられた。ウェザビー家はその後一二三年にわたってレーシングカレンダー発行の権利を有した。その期間、ウェザビー家はイギリス競馬の行政事務を担当していたわけである。やがて二十世紀になって、レーシングカレンダーの発行はジョッキークラブに受け継がれた。

さらにまた、成績書の作成にあたっていたウェザビーは、スタッドブック（血統書）を発行すると公表し、一七九一年、『ジェネラル・スタッドブック』が刊行された。それというのも虚偽の血統が横行していたからである。競走馬の売買のときには良血馬としておきながら、レース条件の交渉にあたっては血統が悪いふりをする。そんなごまかしがまかり通っていたのである。もちろん血統の記載が完璧なものになるまでには、まだ歳月を要した。なるほど、初期には手続き上の不備もあり、大ざっぱであった。だが徐々に、馬主側から整備された血統の価値が認められるようになり、公認の血統書として権威ある根拠となっていくのである。

オークス、ダービーの創設

十八世紀後半には、競馬がレース施行の諸条件を整備し、公正なレースを確保することをめざして規制を強化しつつあった。そのために権威あるジョッキークラブが生まれたのであり、それは歴史の自然な流れであった。

だが、公正なレースがあることだけで競馬が公認されたわけではない。そこには競馬を楽しむ数多くの人々がいること、それが目立ってくるのでなければならない。競馬を観戦する側の視線に注目すれば、二つの方向から解き明かすことができる。一つは、レースそのものが観戦する人々の興味をかきたてることであり、もう一つは、レースの出走馬にお金を賭けることである。この二つが重なりあうとき、観戦者はますますレースの成り行きに心をときめかせることになる。

まず、レースそのものへの関心が高まるには、レース全体の体系が整備される必要があった。

これまでも言及したように、このころまでのレースといえば、五歳以上の成熟馬による四マイル（約六四〇〇メートル）以上のレースであり、しかも同じ馬どうしで競走をくりかえすヒート競走が主流であった。

一例をあげれば、あの一七六四年生まれのエクリプスがいる。競走馬としては五歳と六歳で走り、彼のデビュー戦は四マイルのヒート競走であった。八歳馬が最強と見なされている時代である。そのころまでは、十分に成熟するまで出走させないという意識があったのだろう。今日では二歳馬が新馬戦を走るのだから、昔日の感がある。

成熟した競走馬であれば、力も安定しているし、レースもしばしば実力どおりに決着する。それとともに、ヒート競走であったので、競走が数回くりかえされ、レースが決着するまでに時間がかかった。

しかし、競馬を楽しむという観点からすれば、テンポやスリルに欠ける面は否めない。そこで十八世紀後半、それもエクリプスが引退した一七七〇年代から新しい競馬の理念がめばえるのだった。

もし、能力的に未知数の若駒どうしで一回きりのレースを走らせたら、結果はどうなるか。この遊び心のざわめきは今日までつづく競馬の楽しみの核心をなすのだ。当時の人々はまったく予想できないことだっただろう。

初秋に開催されるドンカスター競馬場の花形レースはセントレジャーステークスである。今日、テレビ観戦で楽しめば、しばしば「イギリス最古のクラシックレース」という文句を耳にする。

すでに十六世紀から競馬を実施していたドンカスターだったが、競馬開催地での喧嘩《けんか》や殺人などの流血騒ぎが絶えなかったという。そのために市当局は競馬開催の停止を命じるほどだった。断続的に開催されるとはいえ、三流の競馬場だった。十八世紀になると、市当局も本腰を入れて競馬を支援し、同世紀半ばには各種の賞杯競走《プレート》も登場する。

世界史に目をやれば、一七七六年、アメリカでは、「生命、自由、幸福」の追求を謳《うた》い文句に独立宣言が採択されている。同年九月、アンソニー・セントレジャー大佐はドンカスター競馬場で三歳馬による二マイルのレースを提案した。能力未知数の若駒が出走し、距離が従来の半分に短縮される。それだけで新鮮な驚きだったにちがいない。レースは好評だったらしく、翌年にも多数の馬が出走したという。最初の二回は無名のレースだったが、三年目の晩餐会《ばんさんかい》の席で提案者にして人気者だった同大佐（のちに中将）にちなんで、セントレジャーステークスと命名された。のちには距離が少しだけ短縮され、一マイル六ハロン一三二ヤード（約二九三七メートル）になり、今日にいたっている。

のちにはオークス、ダービーなどと並ぶ三歳馬によるクラシックレースの一角をなす長距離戦（日本では菊花賞《きっかしょう》にあたる）になるのだが、創設当初の人々には知る由もないことであった。

エプソムはロンドンの南方三〇キロ足らずにある広大な緑地であり、日帰りの遠足にふさわしい。すぐれた鉱泉が出て、人気が高く、周りには宿屋もできていた。すでに十七世紀の後半にはエプソムで競馬が開催された記録があり、王政復古直後にチャールズ二世が観戦している。国王はもともと競馬への熱意が高く、早朝三時に起きて競馬場への馬車を急がせるほどだった。途中で馬車が転倒しても、「国王は全身泥だらけになりながら、まったく怪我もなかった」と例のピープス『日記』は書き記している。十八世紀になると、一七三〇年ころから春と秋の開催が定例化しつつあったという。あの伝説化されたエクリプスの初出走も一七六九年五月のエプソム競馬場での出来事である。

競馬一筋のバンベリー卿の親友に、これも競馬好きのダービー卿（十二代目）がいた。彼は叔父からエプソムの近くにある宿屋を改装したオークス館（オークスは樫《かし》のこと）をもらっていた。賭博好みの社交家であるダービー卿は、競馬開催のときに、この館を客であふれさせていた。

このような酒宴の集まりがくりかえされるなかで、ダービー卿はバンベリー卿と語らいながら、三歳牝馬だけのレースをやることを決意する。叔父の戦友だったセントレジャー大佐が三歳馬限定の二マイルのレースをドンカスターではじめていたことに刺激されたという。

距離は二マイルより短い一マイル半（約二四〇〇メートル）として翌年夏から実施し、レース名を館名にちなんでオークスとする。これが一七七九年創設のオークスの由来である。しかも、第一回のオークス優勝はダービー卿所有のブリジットであったから、出来すぎた話である。

この祝勝会の集いで、翌年には三歳馬限定でも牡馬も牝馬も出走できるレースをやろうと話は盛り上がった。距離はさらに短縮して一マイルにする。ところで、新設されるレース名をどうするか。ここから伝説化された物語がはじまる。

ダービー卿とバンベリー卿の親友二人はそれぞれの名にちなみ、硬貨を投げて裏表で決めることにした。後世のわれわれには結果は知れているが、ダービー卿が負けていれば、今日のダービーはバンベリーとよばれていたことになる。ささいな偶然による硬貨の裏表だが、歴史に名を刻むことを重んじる人にはずしりと胸にこたえる話である。

図9　ダービー卿

もっとも創設当初、ダービーはたいしたレースと思われていたわけではなかったし、皮肉にも第一回ダービーを制覇した馬は命名の敗者バンベリー卿所有のダイオメドだった。なんともまたオチまで付いた、あまりにも出来すぎた話である。

このころの一マイルとは驚くべき短距

離レースであった。そのせいか、ダービーは第五回の一七八四年から一マイル半に延長され、現在にいたっている。

十八世紀末の四半世紀、予選もない三歳馬競走というアイディアは目新しくもあり、馬主をはじめ人々の想像力を刺激したにちがいない。もっとも、当初、出走馬は八頭から一〇頭ほどで、それより少頭数だったこともある。

しかしながら、十九世紀を迎えるころには、ダービー、オークス、セントレジャーは年間における三歳馬の三大レースと見なされるようになった。この後、ニューマーケット競馬場ではじまる一マイルの二千ギニーと千ギニーを加えて、三歳馬の五大クラシック競走ができあがっていく。その経過は十九世紀の話題として後述する。

ヨーロッパ各国への影響

近代の競馬はイギリスを発祥地とするが、その影響はどのように拡がっていたのだろうか。事実上のイギリス支配下にあったアイルランドでは、すでに十七世紀後半には、東部のキルデア州のカラで競馬が行われていた。キルデアからの手紙には「競馬が行われる公有地は、ニューマーケットよりはるかにすばらしく、また明らかに広い。だが、地元の庶民を見れば、彼らの生活は悲惨で貧しい」と複雑な思いが記されている。このカラ競馬場での開催はその後も断続的に行われていたらしい。一七五七年には、カラ競馬での紛争の裁定がニューマーケットのジョッキークラブに付託されており、クラブの権威が上昇するのに一役かったことになる。

十八世紀のイタリアでは、中世以来のパリオ競馬はシエナをのぞけばほとんど開催されていなかったらしい。しかし、ほかの地域では頭や首に華やかな飾りをつけて騎乗者なしの馬が街路を走る競馬があった。当初はバルブ馬を使っていたことから、これらの競走馬は「バーバリ馬」とよばれていた。

フィレンツェでは、バーバリ馬はさまざまな色彩で縞《しま》模様や斑点が馬体に塗られており、滑稽《こっけい》としか言いようのないものだったという。ボローニャでの騎乗者なしの馬が駆けぬける競馬を観戦したイギリス人はイタリア人宛の手紙で「ここニューマーケットには、観覧者はもちろん部外者さえもその楽しみにあずからせようとするような、何かただならない高貴なものが競馬場全体に見られる」と語っている。このようなバーバリ馬の競走には気品らしきものはまったく欠けており、およそ競馬とよべるようなものではなかった。この点については、あの古代ローマの伝統とは断絶していたと言うしかない。

フランスに目をやれば、「朕《ちん》は国家なり」で名高い太陽王ルイ十四世はイギリス風の競馬に情熱を燃やしていた。競走馬の多くはイギリスから来ていたし、服飾や秤《はかり》も使われたという。だが、一七一五年、同王が亡くなるとともに、イギリス風競馬への関心も消え去る運命にあった。競馬も、為政者の嗜好《しこう》に左右されるはかない遊びだったにすぎない。

やがて、十八世紀半ばのフランス上流社会について、卓越した思想家ヴォルテールは語っている。「あらゆる軍事訓練用の競技が廃《すた》れつつあり、狩猟をのぞけば、身体を鍛えるための運動はほとんど残っていない。その狩猟すらも軽視されつつあり、娯楽のなかにも大きな変革がおしよせている」

のちのフランス革命を予測させるかのような観察ではないだろうか。みずから汗を流して競技するという風習が廃れ、むしろ見世物を観覧するという風潮が生まれつつあったのだろう。

一七七四年、ルイ十六世（在位一七七四―九二）が二十歳で即位した。国王みずからが競馬に関心をもったわけではないが、国王の弟アルトワ伯爵と従弟《いとこ》のオルレアン公爵は競馬にひとかたならぬ関心を示した。しかも、王妃マリー・アントワネットも競馬に熱いまなざしを送っていたから、ふたたび競馬熱が盛り上がる。もちろんイギリス風競馬であり、オルレアン公爵はニューマーケットに厩舎をもち、創設したころのダービーに持ち馬を出走させたほどである。

オーストリアを拠点とする神聖ローマ帝国の皇妃マリア・テレジアはマリー・アントワネ

ットの母でもあった。その皇妃宛の書簡には「アルトワ伯爵、オルレアン公爵をはじめ多くの若者たちが競馬を流行させせました。パリで競馬が行われ、王妃マリー・アントワネットは定期的にお出かけになります。……早朝まで舞踏会で過ごされた後でベルサイユ宮殿にお帰りになりますが、十時にはふたたび、ブーローニュの森近くで行われる競馬をご覧になるためにお出かけになります」と記されている。その数週間後には「毎週、数度の競馬が行われています。この種の見世物にたいそう興味をおもちの王妃は、一日も欠かすことなくお出かけになります」と語られるほどだった。

このような王侯貴族の周りにはイギリスのサラブレッドこそはあるべき理想の純血種とする熱狂的な一群がいた。多数のサラブレッドが輸入され、各地で競馬が開催された。ブーローニュのみならず、サブロン、ヴァンセンヌ、フォンテーヌブロー、シャンティイ（いずれもパリ近郊）などの野原でも、競馬が行われている。このような動きのなかでイギリス風に「国王の賞杯《プレート》」が授与されたり、競馬管理の規則が公布されたりもした。このころには馬産を営む者も出てきたという。

しかしながら、一七八九年にはじまる革命の大波は、多くの人々に流血の運命をもたらす。貴族的娯楽と見なされた競馬もその主唱者たちも例外ではなく、ルイ十六世、王妃マリー・アントワネット、オルレアン公爵は断頭台の露と消えた。のちに王政復古を果たしたアルトワ伯爵はシャルル十世（在位一八二四―三〇）を名のったが、やがて失脚しイギリスに亡命した。

独立以前のアメリカ

およそ一万年前に馬が絶滅したアメリカ大陸には、十五世紀末にヨーロッパ人が訪れたころ、馬はいなかった。十七世紀になると、多くのイギリス人が入植し、同世紀半ばには、ピューリタン革命で亡命した王党派の貴族が東海岸に定住し、ヴァージニア州で競馬をはじめた。しかし、深い森林におおわれていたので、開拓地は貴重であった。このために道は狭く、距離も短縮せざるをえなかったらしい。クォーター（四分の一）マイルのレースが行われていた。そのために短距離専用のクォーター馬《ホース》の生産も盛んになった。

一六六五年、ニューアムステルダムがニューヨークと改称され、その地に広い競馬場が建設されると、イギリス風の長距離レースが実施されるようになった。一七二〇年代はじめには、マンハッタン島に競馬場が建てられ、その所有者の出した公告には「この敷地内に立ち入る者は、出走登録者と勝ち馬所有者をのぞき、六ペンスを敷地所有者に支払わなければならない」と記されていた。

ヴァージニアでも不毛な荒地に一マイルの円形コースをもつ競馬場が建てられ、十七世紀末にはイギリス風の競馬が開催されるようになった。このころには、競馬開催の週には植民地時代の首都ウィリアムズバークの人口は三倍にふくれあがるほどだったという。社会全体が豊かになり、富豪のなかには最良馬を競走馬として飼育する者も現れた。だが、競馬があまりにも盛んになると、社会の害悪と咎《とが》める風潮も出てくる。十八世紀前半には、賭博常習者として時間も金銭も失いがちな庶民を保護するために条例も公布された。

独立戦争前には、ますます競馬が開催され、のちに初代大統領となるジョージ・ワシントンも出馬登録受理と紛争調停担当監督の任に就いていたという。彼は馬の生産にもあたり、独立戦争前後も馬を出走させていた。一七六五年のイギリス士官の記録には「ヴァージニアでは、いずれの町でも、毎年のように常設の競馬が催され、しばしば多額の金を賭けたマッチレースも実施された。ニューマーケットに出してもひけをとらないほどのスピードとスタミナを備えているし、外貌や血統からしても決して劣るところのない見事な馬が出走している」と語られている。

母国イギリスからの入植者が多かったことから、イギリス風の競馬がいち早く定着していく様がしのばれる。もちろん、このような優良な馬を手に入れるためには、イギリス本国から牡馬も牝馬も輸入された。独立戦争以前に、牡馬三八頭と牝馬二一頭がヴァージニアに連れてこられたという。これらの牝馬については、その母系先祖をたどると、ほとんどが「輸入イギリス牝馬」であったという。これらの馬の多くが、バイアリーターク、ダーレーアラビアン、ゴドルフィンアラビアンという根幹種牡馬にさかのぼることは言うまでもない。

メリーランドでも独立戦争前に二五の競馬場があった。この地の牧場ではスペイン産のバルブ馬の輸入も少なくなかったらしい。これらの牝馬とイギリス輸入の牡馬が交わって、すぐれた馬が生産されていく。だが、優秀な種牡馬のなかには盗み出されるという事件もあり、それでもほかの牧場で繋養され、アメリカにおける根幹種牡馬の一頭となったものもいた。

サウスカロライナでの競馬は、宿屋の敷地や船着場の空き地であったりして、しっかりした方針のない遊びであった。だが、牧場のなかには立派なものもあり、輸入種牡馬のほとんどがゴドルフィンアラビアンの孫だったという。

ニューヨークでは、すでに八〇年以上の馬産の歴史があったせいか、十八世紀半ばにはアメリカ産馬限定の競馬になりつつあった。貴族のなかには、広大な牧場と専用の調教施設をもつ者もいた。このころイギリスから輸入された種牡馬ワイルドエアは名馬マッチェム同様にゴドルフィンアラビアン系のケード産駒である。このワイルドエアは産駒の牝馬にスレーマーキンを残したが、この馬こそはのちに「アメリカ競馬の祖母」と謳われている。アメリカにおける最良馬のほとんどが、母系あるいは父系をさかのぼれば、繁殖牝馬スレーマーキンにたどりつくという。

フィラデルフィアでも、十八世紀半ばには、十分な規模をもつ競馬場で定期的に競馬が開催されていた。このために一七六〇年のフィラデルフィア競馬はイギリスの『レーシングカレンダー』に初めて記録されるほどだった。

とはいえ、十八世紀のアメリカにおける馬産の記録は、ずさんな牧場管理のせいで、ほとんど当てにならないという。輸入馬には血統証明書がそえられていただろうが、それらはほとんど残存しないのである。クォーター馬《ホース》、バブル馬、現地産馬の血量など不明とする方が正直だろう。それにしても、イギリス本国との密接な関連があったために、イギリス競馬の発展にともなって進展していたことは明らかであろう。

第5章　市民社会と近代競馬の発展

――十九世紀のヨーロッパ競馬

三冠馬の誕生

パリのロンシャン競馬場の正門をくぐると、どっしりとした馬の銅像が立っている。フランス産馬でありながら、本場イギリスのダービーを初めて勝ったばかりか三冠馬になってしまうのだから、フランス人にはたまらなかった。

一八六二年といえば、日本は幕末の文久《ぶんきゅう》二年であり、競馬が本格的にはじまった記念すべき年。森鷗外《もりおうがい》や新渡戸稲造《にとべいなぞう》が生まれた年であり、同年、グラディアトゥールもこの世に生を受けている。

十九世紀のヨーロッパといえども、競馬の世界ではイギリスが圧倒的な優位をもっていた時代である。周りの諸国はなんとかイギリスに倣い追いつこうとしていたころである。とりわけイギリスへの対抗意識の強い大国フランスでは、競馬の発展と競走馬の改良にむけて多大の努力がなされた時代である。そのような雰囲気があふれていたのだから、フランス産馬によるイギリス三冠レースの制覇は天地をひっくり返すような大事件だった。

十八世紀後半には、最強馬エクリプスのような馬が現れ、サラブレッドが瞠目《どうもく》すべき馬の新種として意識されるようになる。もっともサラブレッドという言葉は十九世紀になって使われるようになったのだが。

これらの競走馬のレースは、四マイル（約六四〇〇メートル）が通常の長距離競走であり、一対一で競うマッチレースや同じ出走馬でいくども競うヒート競走が主として行われていた。

やがて、一回きりの多頭数出走レースが注目されはじめた。当時、馬は七歳ぐらいが全盛期と考えられていたので、一回きりの多頭数出走レースは十分成熟していない若い馬が競う場合が多かった。十八世紀末には、三歳の若駒のためのセントレジャーがはじまり、以後、三歳牝馬のためのオークス、牡牝の三歳馬の頂点を競うダービーが姿を現している。

十九世紀になるころには、これら三つの三歳馬のレースは人々の関心を集め、レースの格式も高くなった。一八〇九年、これらのレースの成功に気をよくした各地の競馬本部は三歳馬による一マイルのレースを新設することを決定した。ニューマーケットのローリーマイル走路《コース》を若駒が疾駆する二千ギニーステークスである。さらに五年後には、三歳牝馬に限定した一マイルの千ギニーステークスがはじまった。

開設当初、両ギニー競走とも初夏の大レースの足掛かりにすぎないと見なされていた。それは賞金にも反映しており、ダービーやオークスの半分にも満たなかった。出走頭数も少なく、同世紀半ばまで、一〇頭以上になることはめったになかった。

やがて、一八五三年に、牡馬として二千ギニー、ダービー、セントレジャーを制したウェストオーストラリアンが現れ、一八六五年のグラディアトゥールと翌年のロードライオンが出て、「三冠馬」という観念が人々の胸に刻まれるようになったという。それとともに、これら五つの三歳馬のレースを五大クラシック競走ととらえる常識が生まれたのである。

これらのレースを開催するドンカスター、エプソム、ニューマーケット競馬場は、王室経営のアスコット競馬場とともに、世界的な名声をあびるようになった。

こうして十九世紀初めころには、競馬の組織とレースの体系が十分な形を整えるようになる。また、十八世紀末には、サラブレッドの血統登録に着手し、一八〇八年、血統登録の決定版『ジェネラル・スタッドブック』第一巻が刊行されている。

イギリスにおける競馬の成功には、なによりもそれを支えた人々の熱意があった。競馬好きの王侯貴族はより速い馬を求めて馬産に熱意を燃やす。民衆はすぐれた馬たちの競走を観戦し賭け事に熱中する。また競馬関係者は野放し状態だった施行規則を統制し公正にして整備された競走体系の確立に熱意をそそぐ。このようにして、さまざまな人々の熱意が高揚した背景には、産業革命期の市民社会があった。近代競馬の成立という現象のなかにも、つぎつぎと発見や開発を生み出す時代の巨大なうねりがひそんでいたのである。

十九世紀前半、三歳馬の五大クラシック競走が競馬の根幹をなすレース体系として整いつつあった。それとともに、イギリスでは、競馬場の数もレースの回数も二倍になり、競走馬の頭数も三倍になっている。出走馬の年齢が若くなり、レースの距離が短くなる傾向があった。

エスケープの不正疑惑事件の後、激怒した皇太子は競馬界を去っていた。それから十数年後、ジョッキークラブはバンベリー卿らの署名入りで皇太子に「ニューマーケットでの不幸な事件を忘れていただきたい」旨の書簡を届けた。だが、和解はならなかった。やがて、皇太子は一八二〇年にジョージ四世（在位一八二〇－三〇）として国王の地位に就き、その数年後、ジョッキークラブの要人を宮殿に招いた。そこで、国王は競馬への乾杯をくりかえし、「私ほど競馬に心底から関心をもっている者はいない」と語ったという。翌年には、ジョッキークラブ庇護者《ひごしゃ》という肩書を快諾し、晩餐会で「競馬から離れていたときでも、同クラブの会員を恨んだわけではないし、競馬に興味をもつまいと思ったことはなかった」とすら語っている。

国王お気に入りの競馬場は、アン女王が建てさせた王立のアスコットであり、みずから離宮を建ててしばしば訪れるイギリス南端部のブライトンなどであった。愛人がご機嫌ななめのときをのぞけば、開催時には毎日のごとくアスコットに出かけていたという。枢密院の会議中も、親近の者に競馬の話題をささやきかけていたらしい。アスコットの賞杯《プレート》レースを勝とうとして大枚をはたいて競走馬を買い漁《あさ》ったが、狙いははずれた。根っから陽気だったが、後先を考えない浪費家であったために、国王としての評判はよくなかった。

つづいて国王になったウィリアム四世（在位一八三〇－三七）は競馬にはそれほど関心がなかったらしい。とくに、選挙法改正法案が出て大騒ぎだったころ、アスコット競馬場でおこった事件をきっかけに、国王は競馬に毅然《きぜん》と背をむけてしまった。みすぼらしい浮浪者の投げたビスケットがたまたま国王の目に当たったせいだという。

王女のころのヴィクトリア（在位一八三七－一九〇一年）はアスコットとヨークの競馬場へは連れていかれていたらしい。女王になって、エプソム競馬場のダービーは一回観戦しただけだが、愛する夫君のアルバート公とは、彼の存命中、アスコットには毎年訪れていたという。しかし、王室が競馬の肝心な一要素となっていたわけではなかった。

人間の性《さが》としての「遊戯」

ところで、馬という生きものについて思いをめぐらせば、歴史のなかに馬の生命力そのものがひそんでいるのが感じられるのではないだろうか。十八世紀後半から工業化がはじまり、馬の役割にも変化が見られるようになった。かつて農耕馬、運搬馬、軍馬などとして人間社会のなかで大きな役割をになってきた。だが、工業化が拡がっていくとともに、馬の数が減り、その役割も低くなりつつあった。

しかしながら、それと同時に、競走馬の数は増えはじめ、競馬が盛んになっていくのである。まるで馬の生命力が競馬の生命力として受け継がれたかのようである。そこにはどのような歴史がたどれるのだろうか。

前章でもふれたように、まずはスポーツのもつ見世物としての面白さである。競走馬が若年化し、距離が多様に短縮されながら、三歳馬のクラシック体系が整っていった。それは「スペクタクルな見世物の楽しさ」である。だが、たんなる楽しさだけでは長つづきしない。そこには、わくわくするような胸の高まりがともなっていた方がいい。それこそ大衆娯楽としての遊びであり、「賭け事のときめき」なのだ。

思えば、人間の世界は賭ける行為に満ちている。雨傘をもっていくか否か、バスにするかタクシーにするか、ささいな違いが重大な結果をもたらすことさえある。さしずめ結婚などは人生最大の賭けだと言っていいだろう。

だが、その賭ける行為のなかに金銭が持ちこまれると、とたんに非難されたりする。金銭を賭けるギャンブラーは遊び人とも言われ、蔑視されることもある。だが、人生の肝心な節目には賭けるという行為がつきまとうのであり、遊び人こそ人間の本来の姿なのかもしれない。

二十世紀最大の歴史家の一人であるホイジンガは名著『ホモ・ルーデンス』を書き残している。ホモ・ルーデンスとはラテン語で「遊び人」のことだが、高尚好みの学者は「遊戯人」と訳すこともある。

この名著の書き出しは「遊戯は文化よりも古い」ではじまる。文化をもたない動物でも遊び戯れる。だが、動物は賭けるという遊びを知らなかった。しばしば人間と動物の違いに言語の有無があげられるが、賭け事の有無も大きな差異をもたらしている。というのも、賭けるという行為は優劣を選び分けることであり、賭けを知らない動物は文化を築くことができなかった。推理して賭ける遊びは人間だけのもの。その人間だけが文化をもつことができたのだ。賭けるという一か八《ばち》かがともなえば遊びが真剣なものになり、それが文化に欠かせないものになるのだろう。

賭け事（ギャンブル）には三つの型がある。第一には、友人知人間の私的な賭け事。麻雀《マージャン》やトランプでの勝敗に賭けられる。非合法だが、低額でもあり、ほとんど取り締まりの対象にならない。第二に、賭博場でのギャンブル。ルーレット、トランプ、花札、さいころ、競馬、競輪、ドッグレースなどがある。賭博を好む人々が集まり、多額の金が動くので、未公認の場合には取り締まりの対象とされる。第三には、公営賭博のロッテリー（宝くじ）やトトカルチョ（サッカーくじ）。国家や地方自治体が主催し、街角の販売所で購買できるため、老若男女を問わず誰もが気楽に楽しめる。

賭博あるいはギャンブルは、本来は私的な娯楽であり、公権力が介入すべきことではない。

それにもかかわらず、賭け事は古来しばしば禁制の対象になってきた。それだけ、人々が熱中したからである。

古代ローマでも賭け事は盛んであり、とりわけ戦車競走や剣闘士競技では熱狂的に賭けられてきた。だが、奴隷に対しては、賭け事は怠惰の原因として禁じられたという。

中世ヨーロッパにもさまざまな賭博があり、旅籠屋《はたごや》などには賭博に打ち興じる農民たちが集まっていた。中世末期から流行したトランプ賭博には多くの婦人たちも参加したという。

このような民衆の賭博行為は犯罪と見なされ、たびたび賭博禁止令が出されている。だが、宮廷や貴族の館では賭博室が造られていたというから、取り締まりの強化ははなはだ公平さに欠けるものであった。

工業化以前の社会でも、民衆の多数が参加する競馬などがはじまり、やがて都市への人口の集中は賭博人口の飛躍的増大の土壌となっていた。投機的な資本主義社会の足音が聞こえていたのだから、ギャンブルが産業として組織化されるのは避けがたいことだっただろう。

労働者階級と賭け師

競馬に目をやれば、十八世紀の間は、ほとんど馬主である貴族やその近親者の間で、お互いの出走馬をめぐって賭けることがあった。そこには賭けという遊びが生まれる余地があった。だが、自分の馬を走らせるわけではない庶民の側からすれば、賭けるにしてもその相手を探すことなど難しかったにちがいない。それに加えて、庶民にとって出走馬に関する情報などほとんどないと言ってよかった。このような情況では、賭けという遊びが楽しまれる環境ではなかっただろう。

だが、数頭の馬が出走してどれが勝つかという場面になれば、その勝ち馬をめぐって多数の人が賭けたくなる。そこで、それらの賭けをとり仕切る者が現れても不思議ではない。じっさい十八世紀末に、ある集団がニューマーケット競馬場に陣取って、この多数者の賭けを受け付けるようになったらしい。あるレースについて特定の馬が勝つ確率をめぐって、受付側の予測するオッズ（賭け率）を提示していずれかの馬に賭けさせる。開始時のオッズがあっても、各馬にどれだけ賭けられたかに応じて、また、出走前の各馬の調子を判断しながら、オッズは微妙に上下に変動する。賭け事の現場でティックタックマン（情報伝達屋）が身ぶり手ぶりの合図で飛びかっている情報を知らせるのだ（その風景は携帯機器が普及する二十世紀末までイギリスの競馬場ではありふれたものだった）。

このような賭け事のとり仕切り屋はのちにはブックメーカーとよばれる。当初、顧客は上流階層の人々だったが、徐々により低所得の庶民層にも拡がっていく。十九世紀半ばころには、労働者階級の賭け好きが集まるパブ、理髪店、ビリヤード場、たばこ屋などには、ある

図10　ダービー開催日のブックメーカー　中央上部で，右手を挙げ，声を張り上げている

レースの出走各馬のオッズが提示されていた。そこにブックメーカーや代理人が赴いて現金での少額の賭けを受け付けるようになったという。

このような職業としての賭け師や相場師が出てくれば、その背後に不正発生の素地が生まれる。ある厩舎の飼葉桶《かいばおけ》に毒物が投げこまれるような事件がたびたびおこったりした。悪質な犯人一味のなかには絞首刑に処せられた者もいたという。

一八一八年には予約申込所としての常設の賭け場（リング）が登場した。このような賭け場は開催される競馬の後を追って移動している。「その時期にイギリスの貴族の半数はニューマーケットの町に集まった。そこには邪悪な風貌と性格をもつ悪漢どもが横行し、彼らのやりたい放題だった」という。エプソムの賭け場は大スタンドの反対側で開かれていて、公爵もならず者も入り交じって騒々しく戦乱の巷《ちまた》のようだった。

なかには騎手を買収し、その騎乗馬を故意に負けさせる賭け師もいた。また、発馬係を買収する者もいた。このような賭け師一味による不正があまりにもまかり通っていたし、これらしたたか者の一団に対抗して不正を是正しようなどと試みることすらできなかった。

名誉ある人の立派な財産が悪人の悪だくみから守られないのは嘆かわしいことだった。ある競馬関連の著作には、不正な薬物投与、騎手の買収、開催執務委員の買収、不正な発馬などの事例がすべての頁にわたって挙げられているという。一八三〇年代、四〇年代には常習になっており、大方は賭け師の一味の手で仕組まれたものだった。十九世紀前半といえば、イギリス社会では清国《しんこく》へのアヘン密貿易が黙認されており、アメリカ大陸への奴隷交易も非難されながら横行していた。そのような時代の雰囲気のなかで、賭け師一味の暗躍もありふれていたのだろう。

ダービーで本命馬への賭け金が膨大になっていたとき、同馬の調教師は馬の飼料がひどく心配になったという。同世紀半ばまでの競馬を数十年後にふりかえって、同調教師は「馬に薬物を盛ったり、脚を不自由にさせる事件は今よりありふれていた」と語っている。

このような不正問題が生まれる主因は、賭けられる金額が大規模になったことである。個人単位では少額でも、賭ける人数が膨大になれば、疑惑行為が生まれやすくなる。すでに一八〇六年のセントレジャーではまだ二か月前というのに「賭け金の額が一〇〇万ギニーを超えたことは疑いない」と指摘されている。本命馬になんらかの不正行為をして勝てなくすれば、賭け師は一レースだけで巨額の財産をつくることができるのだ。

ほかにも問題が生まれる。誰でもがにわかに賭け師になろうとする。いかがわしい薬売りも、お世辞のうまい宿屋の主人も、正直者のクェーカー教徒のお茶売りさえも、賭けの受付をするようになる。なかには的中した場合に正当な払い戻しがされないこともしばしばあった。賭け金を持ち逃げする不届き者も後を絶たなかった。債務不履行への補償もなかったから、うやむやになる場合も少なくなかったのだ。

競馬への批判

創立初期のジョッキークラブは賭け事をめぐるもめ事には関与しない方針を選んでいる。レースそのものが施行規定にもとづいて実施されているか、それがなによりも重視されたからだ。そのために十九世紀末までには、このジョッキークラブの施行規定にもとづかない競馬の開催は認められないという域まで進んでいく。このようにしてジョッキークラブの権威は高まっていったが、それは高潔なバンベリー卿のような人物が指揮をとっていたからでもあった。

しかしながら、競馬が大衆に親しまれるようになると、それだけでは済まなくなる。競馬場のかたわらで賭け事が頻繁に行われるようになり、それにともなう不正も紛争も後を絶たなくなる。これらの事態を憂慮する動きが出てきてもおかしくはない。

そもそも競馬に対する批判のほとんどが賭け事をともなっていたことにある。まず道徳として悪事と考える人々がいる。騙《だま》されやすい人や貧乏人は保護されるべきであるから、賭け事を放置してはならないという。次には、経済行為として賭け事は非生産的であり、資源の無駄づかいであると見なす人々がいる。最後に、社会生活のなかにあって、賭け事は犯罪と関係しやすく、ギャンブル依存症の温床になると批判する人々がいる。これらの依存症の者が資金獲得のために窃盗をはたらいたり、家庭崩壊につながる場合も少なくないという。

さらに、競馬開催にともなって人々が群れ集うことから、もめ事がおこりやすくなる。自制心を失った酔っぱらい、抜け目のないスリ、いかがわしい売春婦などがはびこり、秩序が乱れるという批判もある。

十九世紀は、ラジオもテレビもない時代だから、競馬の観戦には競馬場に行くしかなかった。地元で競馬が開催されると、社員が欠勤する場合もたびたびあり、企業には悩みの種だったという。

これらの時代背景のなかで、やがて、賭け事への社会の寛容度も行政側の許容度も高まっていく。だが、それは大方のところ二十世紀の話題になる。それ以前の時期には、競馬場の関係者が社会に反する行動の最悪部分を抑えるように努める必要があった。それにともなって、競馬に反対する人々の論拠も失われていくのだから。

一八四四年のダービーは異常きわまりない事件だった。三歳馬のレースに出走していたランニングレインには、もともと四歳馬ではないかという疑惑があった。この馬がダービーに出走登録したときも異議申し立てがあったが、曖昧なまま出走を許され、優勝してしまう。2着馬オーランドの馬主ジョナサン・ピール大佐は優勝馬について異議の申し立てをしたために、賞金の支払いが停止され、事件は裁判に持ちこまれた。その結果、異議が認められ、ピール大佐はダービーの優勝賞金を手に入れたのである。

ベンティンク卿の功罪

この事件と裁判の背景には、当時の競馬界の大立者《おおだてもの》であったジョージ・ベンティンクという貴族の馬主がいた。彼は賭け事が大好きであったが、競馬への高邁《こうまい》な理想をもつ政治家でもあった。この事件は、彼の「不屈の活動、知識、および洞察力」によって解決されたという。ベンティンク卿はすぐれた弁護士および警察官のように証拠を収集し検察にあたったのだ。

このような不正が白日のもとにさらされたことで、競馬関係の人々はベンティンク卿にひとかたならぬ感謝の念をいだいた。同卿に巨額の寄付が集まり、彼はジョッキークラブにその金を持参した。寄付金は困窮した騎手や厩務員を救済する基金として使われたのである。

しかし、ベンティンク卿は、バンベリー卿のような品行方正な人物ではなかった。若いころは馬に騎乗して出走し、同時に賭け事もはじめた。このために父親は息子が負けた大金を弁済してやり、息子に賭け事を禁じたという。だが、息子は一年と経たないうちに、約束を破って巨額の賭けをしてしまう。ベンティンク卿が主催した競馬で、自分の所有馬に騎乗して出走した大地主の馬が勝利した。その馬が負けることに賭けたベンティンク卿は賭け金を支払いながら、不正があったと非難した。大地主は決闘を申し込み、ベンティンク卿は引き受けざるをえなかった。拳銃を使ったこともないベンティンク卿は当然のごとく撃ち損じたが、大地主は空にむけて発砲しただけだった。じつのところ大地主は国内最強の拳銃の名手だったのだから、その温情でけりがついたのである。

そのころから、ベンティンク卿は馬主になったが、父親に知られないように、他人名義で馬を出走させることが多かった。なかには馬が風邪《かぜ》にかかったように見せかけて人気を下げておきながら、当の馬が負けてしまい同卿は大損をしたという話もある。

同卿は馬運車の開発者としても知られている。一八三六年、自分の持ち馬エリスがドンカスター競馬場のセントレジャーに間に合わなくなったらしい。もしかしたら、出走未定のままであれば、オッズが下がるのが狙いだったのかもしれない。ロンドンの製造業者に六頭引きの馬車をつくらせ、その乗り物でドンカスターに運ばせたのである。それまで、たとえ遠隔地でも、馬は徒歩で連れていかれていた。ところが、馬運車で運ばれたエリスは十分な休養がとれていて生気があり、最古のクラシックレースを勝ってしまう。たちまち噂は拡がり、馬運車の製造が模倣されるようになったという。不正すれすれの巧妙な工夫がもたらした皮肉な幸運だった。

馬主としては、二歳牝馬クルシフィクスがその年に九戦して全勝したのが注目される。翌一八四〇年には、二千ギニー、千ギニー、オークスに勝っている。とりわけオークス時など、脚を一本痛めていたというから、あの起伏の激しいエプソムのコースを制した能力の高さは計り知れない。

その後、同馬は調子をくずしてしまい、セントレジャーには出走しなかった。ベンティンク卿はクルシフィクスの出走回避を知りながら、黙ってほかの馬に賭けていたという。このペテン師まがいの策略のせいで厩舎責任者と決裂し、厩舎側から告訴されたりもした。

すべての繫養馬がグッドウッドの牧場に移されることになり、ベンティンク卿は牧場と調教場の経営に巨額の資金をつぎこんだ。「毎日、調教場は馬鍬《まぐわ》を入れて慎重にローラーをかけられ、走路を修理し、石を取り除き、とくに専用のフォークをつくって馬の蹄跡《ていせき》を消す作業をくりかえし、そのために大勢の女が雇われた」と伝記は語っている。牧場と厩舎の年間経費は膨大な額になったが、同卿はその経費を競馬の賞金で償うつもりはなかったという。もっぱら賭け金から獲得した収入で補おうとしたのだから、賭け師としての執念はすさまじいものがあった。ほどなくイギリス最高の賭け師と言われるほどになったという。

さらに、ベンティンク卿はグッドウッド競馬場の管理を引き受けている。リッチモンド卿の所有する絶景で名高い丘上の競馬場だが、なによりも大衆を楽しませることが肝要だった。そのためにベンティンク卿はさまざまな改革を試み、その多くは成功したという。それとともに、彼自身が大賭博師であったにもかかわらず、否そうであったからこそ、不正行為に対する戦いに本気で取り組むことになる。

まずは発馬に関するもの。発馬係は出走馬の脇にいておおよそ並んだところで「行け《ゴー》」と声をあげるだけであった。馬によって有利不利もあり、不正もおこりやすく、騎手ともども買収されていることもあった。ときにはスタートするのに一時間以上もかかることがあったという。ベンティンク卿は定刻どおりに発馬させ、スタートを遅らせる発馬係と騎手に罰金を科すことにした。さらにまた、声だけではなく、旗をふり下ろして合図することも思いついた。たちまちのうちに多くの競馬場で模倣されるようになっていく。

さらにまた、ベンティンク卿は契約不履行者をはげしく攻撃した。ある法規定にもとづいて賭けによって獲得される金をごくわずかな額にしようと告訴した不良弁護士がいた。告訴された者のなかにベンティンク卿もいたが、賭ける額に制限を設けないという法案が通過し、告訴は取り下げられた。彼の人気は高まり、競馬界における発言力は増大した。

このように競馬界のさまざまな領域で活動していたが、一八四六年、四十四歳のベンティンク卿は突如として競馬活動を放り投げてしまった。一三〇頭の持ち馬すべてを一万ポンドという馬鹿馬鹿しいほどの安値で手放したのである。のちに首相になる同年輩のディズレーリは、「高邁な義務感からベンティンク卿が払ってきた犠牲に対して、これまで世間はほとんど評価してこなかったのではないか」と語っている。もっとも、保護貿易主義の主唱者として政治活動に専念するつもりだったという見方もある。そもそも競馬事業でなんらかの大きな挫折をしたのではないかと指摘する者もいた。

売却された馬のなかに前年に生まれたばかりの牡馬サープライスがいた。ベンティンク卿自慢のクルシフィクスを母馬とする名血馬である。一八四八年、サープライスはダービーを優勝する。その翌日、作家でもあるディズレーリは議会の図書室でベンティンク卿に会っている。同卿はひどく思い悩んでいるようだったらしい。「私は全生涯をこのダービーのために費やしてきたし、たいそうな犠牲を払ってきた」と小声でつぶやいていた。ディズレーリは慰める術《すべ》も思いつかなかった。同卿は嘆かわしく「君はダービーがいかなるものか知りはしない。そうだ、競馬界における最高の名誉なのだ」とくりかえしながら、仕事机の前に腰をおろし、統計書類の山に埋もれていたという。

その後、サープライスはセントレジャーをも勝利する。それから二週間後、ベンティンク卿は心臓麻痺《まひ》で世を去った。この人物のなかには不思議なほど善悪が混在していた。一方でためらいもなく詐欺師まがいの悪行をたくらみながら、他方では容赦なく不正と悪事を攻撃し放逐したのである。高い教養をもつ穏やかな人柄ながら、断固たる決意をひめていたという。ある意味で「生粋のイギリス紳士」だったとも言われている。

ラウス卿の献身

競走馬がその生涯をはじめる年齢は、時代とともに変化してきた。十八世紀までは、五歳か六歳にならないうちに出走するのは異例だった。四マイルもの長距離レースが通例だったから、その過酷さに耐えて完走できるのは成熟馬だけだった。

やがて距離をより短くした競走が広く行われるようになると、競走開始年齢も引き下げられる。十八世紀後半に開始されたセントレジャー、オークス、ダービーは出走資格が三歳馬に限定されていた。とはいえ、規制が緩かったし、強制力も欠けていたために、馬齢限定戦により高齢の馬が出走するという不正が少なくなかった。

悪名高い一八四四年のダービーには、全出走馬の歯を検査した結果、二頭が四歳馬であると判明した。うち一頭が優勝馬だったので、もちろん失格になった（八五頁参照）。ジョッキークラブにとって、このような不正行為を取り締まることは大きな課題となった。

十九世紀半ばになって、すべての競走馬は一月一日をもって公式誕生日とされるようになる。それでも二歳馬の場合、早春生まれと晩春生まれとでは成熟度が異なり、負担重量やレース距離に配慮しなければならない。二歳馬にかぎらず、とりわけ成熟度の異なる馬が走る場合、負担重量を考慮する複雑なシステムがいる。

この馬齢重量制のシステムは、一八五五年に姿をみせた。ジョッキークラブ会長であり、公式ハンデキャップ*作成委員でもあるラウス卿（提督）によって考案されたものである。

ラウス卿はベンティンク卿より七歳も年上であったが、若くして海軍に入り、三十歳のころには東インドの基地にあって軍艦の指揮官であった。四十歳のころ水漏れと舵《かじ》なしのまま別の軍艦を曳航《えいこう》して帰還するという離れ業をやってのけた。軍法会議の結果、無罪になったが、以後、軍務を退いた。やがて、彼の生涯は競馬に捧げられたとも言える。

ベンティンク卿が競馬界の最高位に君臨していたころ、ラウス卿は持ち馬を走らせ、資産を築いていた。さらにハンデキャップ作成の技術を身につけ、競馬施行規則について習熟していた。一八五〇年、小冊子『競馬の理論と実際』を刊行し、その名を高める。ほかからもマッチレースのハンデキャップ作成を依頼されるようになり、ほどなくその作成技術の見事さが広く世に知られるようになった。

彼によれば「大きなハンデキャップ競走はいずれも不正行為を誘発しやすい。馬主は出走馬を勝たせる意志もなく、また体調が万全ではないのに、出走させたり、勝つよりも売る目的で競走させたりする。これに対してジョッキークラブが抗議したり非難したりしても、たぶん徒労に終わるだろう。そのような馬の出走ほど人々を惑わすものはない」という。

ハンデキャップ作成には、技術や知識だけではなく、なによりも公正な誠実さが求められる。そのような人材は探せないし、こんな厄介な仕事を引き受ける人物などいないにちがいない。それにもかかわらず、ラウス卿は敢《あ》えてこの厄介事を背負いこんだのである。

ラウス卿は毅然たるところがありながら質素で慎重な男だった。だから、それほど派手な言動はほとんどない。競馬において賭け事は欠かせないにしてもほどほどに賭けるべきだ、それが彼の基本姿勢だった。何万ポンドで賭けるなど望ましくなく、「一〇ポンドの単位で賭ける」ような人たちが楽しむために競馬はあるべきなのだ。それは競馬の行く末を見据えた卓見であった。

ハンデキャップ作成という地味な職務を引き受け、ラウス卿の生涯にわたる努力のおかげで、この職務は名誉ある専門技術職に高まる。調教される馬を観察し、出走しても体調のいい馬と悪い馬を区別し、すべてのレースを見て能力の発揮できなかった馬を記録し、情報を整理する。

このような心血をそそいだラウス卿の活動が重なり、馬齢重量制は一八七三年に修正され、その後ジョッキークラブによって改定されている。その理念は今日でも最高峰レースのキングジョージや凱旋門賞で成長途上の三歳馬が古馬と互角に競走できるようにするガイドラインとして生きている。

当然のごとく、ラウス卿は競馬施行の諸規則を熟知していた。いろいろなもめ事が持ちこまれ、ラウスは調停者の役目を果たすようになった。さまざまな紛争についての規定を決めるように依頼され、彼の公正な裁定がもはや個人の見解ではなく公式なものになっていく。その見解はほとんど絶対的な権威をおびていた。それは競馬界の独裁者と言ってもいいほどだったが、そのおかげでジョッキークラブそのものの権威が高まり、一個人が君臨するような情況も必要とされなくなったという。

一八七七年、ラウス卿は八十二歳で逝去している。その後半生にあって心底からより豊かな競馬の実現のために尽くし、競馬界の司教、調停者、ハンデキャップ作成者であった。

グラディアトゥールの衝撃

十九世紀の競走馬のなかで歴史に名を残したのは、まずはクラシック競走の優勝馬である。また、同世紀初めに新設されたアスコットゴールドカップ（二マイル半＝約四〇〇〇メートル）はひときわ栄誉ある大レースと見なされた。さらに、競馬や繁殖で記録破りの馬も注目される。

一八〇一年に牝馬として初めてダービーを制したのはエレノアである。しかも翌日にはオークスにも勝ったのだから、今日では信じがたい快挙である。

ダービー馬のなかで十九世紀前半の最強馬と見なされるのはプライアムである。一八三〇年のダービーを制すると、二か月後に二マイル半のグッドウッドカップを勝っている。同シーズンにほぼ二倍近い距離のレースに勝つのも現在からすれば驚くべきことだ。翌年には同レースを連覇し、さらには四マイルの王室賞《ロイヤルプレート》をも制して引退した。万能の競走馬であることが求められる時代だった。

一八三三年から九年間にわたって一七四レースに出走したキャサリナは七九勝をあげ、イギリスの最多勝利記録をつくっている。また、一八五六年に二三レースに優勝したフィッシャーマンは年間最多勝利をあげ、その記録は今でも破られていない。

図11　グラディアトゥール

一八五三年には、ニューマーケットの二千ギニー、エプソムのダービー、ドンカスターのセントレジャーをすべて制したウェストオーストラリアンが出現した。史上初めての三冠馬となり、これ以後、三冠制覇が三歳牡馬すべての目標になった。

十九世紀だけでも九頭の三冠馬が出ているが、なかでももっとも注目されるのは一八六五年のグラディアトゥールである。エクリプスの出現からほぼ一〇〇年が経っていたが、イギリスは名実ともに競馬の世界では抜きんでており、比類のない競馬王国であった。そこに生粋のフランス産馬グラディアトゥールが登場して、クラシック初制覇ばかりか三冠馬になったのだから、イギリス人は慌てふためき落胆した。

二千ギニーこそきわどい首差であったが、出走馬二八頭のダービーでは2馬身差の楽勝だった。イギリス産馬にはどこも太刀打《たちう》ちできないと思われていたから、フランス人には心ときめく英雄の出現であった。ダービーの三週間後にはフランスに帰り、一五万人観衆の見守るなかでフランス競馬の最高峰パリ大賞を楽勝した。秋にはふたたびイギリスに渡り、セントレジャーを3馬身差で制して三冠馬に輝いたのだ。

この三冠レース以上に誇り高きイギリス人の肝を冷やしたレースがある。翌年、グラディアトゥールは古馬最高峰のアスコットゴールドカップに出走し、そこで驚異の圧勝劇を演じている。二マイル半の長距離レースだが、一周目のスタンド前では先頭から40馬身差はあり、さらにその差は拡がるばかりだった。ゴールから一四〇〇メートル地点の奥深いコーナーを通過するころには先頭からほぼ三〇〇メートルは離れていたという。だが、そこから役者の違いをみせつける。一気に加速し差をつめはじめ、直線にさしかかるとあっさり突き抜けてしまう。2着馬に40馬身の大差をつけて圧勝した。2着馬は、前年のオークスに勝ち、同年のセントレジャーではグラディアトゥールの2着だった牝馬レガリアだった。

その圧勝の舞台を目《ま》のあたりにしたイギリス人ジャーナリストは「あの日から三〇年が過ぎたが、レースの一部始終はまるで昨シーズンの出来事だったように脳裏に焼きついている」と書き記している。「十九世紀最高の名馬グラディアトゥール」であり、あの史上空前

図12　セントサイモン

の圧勝劇は最強馬の証しだという。

イギリスの競馬ファンには認めがたいことであり、失望と落胆のなかに突き落とされる出来事だった。グラディアトゥールこそはイギリス産サラブレッドこそ最良だという自信を打ち砕いた衝撃の馬であった。

十九世紀最強馬を考えるうえで、欠かせない馬が二頭いる。一頭は一八八一年生まれのセントサイモンであり、もう一頭は翌々年生まれのオーモンドである。

セントサイモンは二歳、三歳時に走り、生涯一〇戦全勝。馬主による登録問題のためにクラシック競走に出走していない。そのために、この馬の実力が卓越していることが明らかなのは三歳時に出走したアスコットゴールドカップの大楽勝だけ。後方から一気に突き抜け、すでに同レースを制していた古豪トリスタンに20馬身差の圧勝だった。

その十九世紀最高の騎手ともいわれるフレッド・アーチャーは「自分が騎乗したなかでもセントサイモンこそ最高の馬だ」と語っている。イギリスのクラシック競走を二八勝もした偉大なる調教師マシュー・ドーソンも「私は生涯に一頭だけすぐれた馬を調教したが、それがセントサイモンだ」ともらしている。

五歳には種牡馬となり、産駒にはすばらしい馬が残された。種牡馬ランキング首位の座に輝くこと合計九回にのぼる。競走馬として傑出した名馬であったが、さらに歴史を刻む大種牡馬にもなった。十九世紀最後の年には五大クラシック競走はすべてセントサイモンの子孫が制したのだ。『イギリス平地競馬事典』(一九七八年刊行)には、セントサイモンは「イギリス競馬が見たおそらく史上最高の馬」と紹介されているという。

ところで、当時の多くの人々は、オーモンドこそ傑出した名馬と見なしていたにちがいない。出走馬のレヴェルが高いときにあたりながら、一八八六年の三冠馬になるとともに、生涯一六戦全勝であった。四歳時には気管が万全ではなかったというから、まさしく底知れない無敵の名馬であった。

全体として十九世紀の競馬を見れば、出走馬はより長い距離をより数多く走りながら、賞金はより少なかった。競馬の腐敗がなかなか取り除かれなかったために、最良馬が勝てない場合も少なくなかっただろう。だが、グラディアトゥール、セントサイモン、オーモンドのような華やかなスター馬が登場すれば、その評判と人気に魅せられて、より多くの群衆が競馬場に引き寄せられていったにちがいない。

最初のスター騎手アーチャー

騎手の世界に目を転じると、十九世紀前半では、フランシス・バックル、サム・チフニー、ジェム・ロビンソンなどが有名である。

バックルは前世期末に十七歳のとき初騎乗して以来、四八年間も騎手生活をつづけた。小柄だが頑強で不屈で聡明でもあったので「小型ヘラクレス」とあだ名されたが、正直で慎重であったという。鞭をぐるぐる回すしぐさで注目されたが、ダービーに五回、オークスに九回、セントレジャーに二回の優勝をおさめている。

チフニーは、同名の父親も高名な騎手だったが、「最良の状態だったころには、まさしく騎手の理想であった。騎座の優雅さと力強さ、完璧な手さばき、ペース判断力など、彼を凌ぐほどの者は誰もいない」と評されている。父親も弟もすぐれた騎手であったので、このチフニー一族の品行の良さは、バックルの誠実さとともに、騎手を尊敬される職業に高めたのである。

ロビンソンは、バックルの生活を手本にし、チフニーの騎乗法を模倣したという。その左手による鞭さばきの素早さと力強さは驚異的であったという。競馬のない冬場には生活を楽しみ六〇キロを超える体重になっていたが、競馬シーズンがはじまると、ひたむきに減量して騎手をつづけたという。彼はクラシック競走に二四勝もし、その記録は一九七二年にレスター・ピゴットが破るまで、最多記録だった。

このころまでは誠実ですぐれた騎手もいたが、不正や残忍さもまかり通っていた。ある調教師はうだつの上がらない騎手に「この馬を勝たせろ。さもなくば、血にまみれた臓物を切り出してやれ。覚えておくがいい、もしもお前がこの馬に腹いっぱい鞭をくれてやらなかったら、二度と俺の馬に乗るチャンスを与えてやらないぞ。お前が馬に鞭と拍車を当てがってやれば、俺はお前に馬を当てがってやるというわけだ」と平然と脅されていたという。

十九世紀後半になると、立派な騎手はほとんど正直者であったという。まずは、チフニーの甥《おい》であるフランク・バトラーが注目される。同世紀半ばには四回連続してオークスを勝ち、クラシック競走を一四勝した。そのなかには、一八五三年に最初の三冠馬になったウェストオーストラリアンがいる。不幸にも体重を過度に抑制したせいで、若くして亡くなってしまった。

十九世紀後半のヴィクトリア朝中後期にはジョージ・ファーダムとフレッド・アーチャー

が目を引いた。ファーダムは競走中のペース配分の感覚が絶妙であり、自分の戦略を他人にさとらせないようにする名人だったという。

ほかにも不正に走らない名手は少なくなかったが、これらの騎手に比してはるかに大きな人気と敬意を集めたのがアーチャーである。

アーチャーは「彼が騎乗すればカタツムリでも勝てる」とさえ言われる名騎手だった。生涯八〇八四回のレースに騎乗し、三分の一以上で優勝したのだから、今日では信じがたい勝率である、二一回のクラシック競走に勝利しており、なによりも最強の誉れ高い名馬セントサイモンの主戦騎手であった。騎手にしては長身で脚が長く、「金銭に貪欲《どんよく》な性格」だったという。彼の騎乗ぶりは、きわめて力強く、決断力にあふれていた。それほど教育を受けていたわけではないが、並はずれた理解力をもっていたし、騎乗馬についての直感力は的確だった。広く大衆に崇《あが》められ、アーチャーが到着するとそれを町ふれ人が告げて回り、彼の肖像の複製は飛ぶように売れ、彼の結婚式にはファンの群衆を特別列車が運んだほどだった。

だが、アーチャーの魅力には悲劇がともなっていた。もともと彼が不名誉なあだ名をもつほど強欲だったのも、自分の家族のために金をつぎこんでいたからだという。傷つきやすい一面もあり、愛妻に先立たれたときには、ほとんど錯乱状態にあったらしい。しかも愛娘《まなむすめ》まで亡くなってしまったのだから、運命は苛酷だった。それに減量苦のために体調にすぐれないこともあり、ついには拳銃で自殺した。一八八六年、二十九歳だった。

十九世紀半ばまで、騎手の名前は新聞に掲載されることもなかった。雇い主の勝負服を着る使用人にすぎなかったのだ。だが、やがてスポーツ・メディアが発展するにつれ、騎手の意見や活動が報告され、競馬場の内外で騎手の個性が浮かび上がるようになった。そのような騎手崇拝が生まれ、スーパースターの地位にまでいたった最初が名手アーチャーであったのである。彼の葬式の日、ニューマーケットは休業したという。

十九世紀後半まで、調教師のほとんどが一人か二人の富裕な馬主に仕えるだけだった。それでも、同世紀の間に、調教師は大きく変わりつつあった。調教師というより厩務員のような役割だったが、次第に紳士づらをするようになったという。このような風潮は彼らの心構えが高くなったことの前兆でもあった。グラディアトゥールが三冠になった一八六五年の前年に報じられたところでは「概して、今日の調教師は品行が良く、また比較すれば良い教育を受けている。……かつては上品さとは程遠いような、無知で狡猾《こうかつ》で飲んだくれだったが、そんな輩《やから》は姿を消しつつある」という。また、セントサイモンが生まれる二年前の一八七九年には、「調教師と騎手は現在、過去と比べてはるかに誠実である。また、雇用者たる馬主と同じくらい、きわめて誠実であることは疑いない」と報じられている。

十八世紀には、軽量馬の方が速く走ると信じられていたので、調教師は馬に汗をかかせて激しく仕込んだらしい。だが、十九世紀になると、調教方法にも変化が見られるようになった。とくに同世紀半ばのヴィクトリア朝初期には、調教師四兄弟ドーソン家の長兄トマスは、過剰な肉を取り除くために重い馬着をかぶせて汗をかかせるようなことをしないようにした。このような調教法をほかに先駆けて開発し、その調教法は兄弟にも影響を与えたらしい。この兄弟の調教一族だけで、九頭のダービー馬をふくめ、四二回のクラシック競走に優勝しているのだからすさまじい。彼らの一歳馬に対する鑑識眼は並はずれたものがあり、彼らのウイスキーへの嗜好に劣らず評判が高かったという。

アイルランドとフランスの競馬

イギリスの影響下にあったアイルランドでは、イギリスの守備隊がカラに駐屯し、キルデアの広大な地域で狩猟を楽しみ、十八世紀初頭には競馬を行っていた。やがて、イギリス国王は賞を授与して、競馬と馬産を奨励するようになった。アイルランドには馬産に適した石灰岩の土壌があり、気候は温暖だった。馬は農民の生活の一部であり、少頭数の馬を生産して田舎のレースに出走させるだけで満足する人々も少なくなかった。

十九世紀になってもカラを中心に競馬が開催され、同世紀半ばにはアイルランド産サラブレッドの影響が競馬開催国全域で感じられはじめた。バードキャッチャーはアイルランドでしか出走しなかったが、その俊足ぶりから種牡馬として期待された。その産駒ザバロンは一八四五年のセントレジャーを勝ったが、前年にはバードキャッチャーの全弟フォーアバラーがセントレジャーを制していた。やがてバードキャッチャーは二度も（一八五二年、一八五六年）イギリスのリーディングサイアー（種牡馬ランキング首位）になっている。ザバロンの産駒ストックウェルは、同世紀における最大級の影響力をもつイギリスの種牡馬になっている。

アイルランドダービーは一八六六年に創設されたが、当初は魅力あるレースではなかった。しかも、ジャガイモ飢饉《ききん》にはじまる経済の低迷は、十九世紀後半以後のアイルランド競馬に暗い影を落とし、その発展は途切れ途切れになり、ぐらつくことになる。

イギリス人は世界各地に移住したので、競馬はさまざまな地域に広まっていく。とくに、イギリスの植民地であったところでは、富豪の遊戯としての競馬が定着していった。このため、アメリカ合衆国やその影響下のラテンアメリカ諸国、オセアニア、南アフリカなどでは、競馬は民間団体によって運営されている。これに対して、フランス、ドイツ、イタリアなどのヨーロッパ列強および日本などでは、軍馬や実用馬の品種改良をめざす装置として制度化された。そこで、これらの諸国の競馬は国営かそれに準じるものになっている。

ここでは、ひとまず十九世紀ヨーロッパの競馬事情について素描してみよう。

同世紀後半まで、イギリスに準じた競馬はフランス以外にはなかった。十八世紀末のフランス革命にともなう混乱のなかで、競馬は中断していた。ナポレオンが覇権をにぎると、彼は競馬の実施を規則化することに着手する。まだ、軍事にも運搬にも農耕にも馬が求められていたから、競馬は馬種改良に役立つと考えられたのである。一八〇六年には、六つの国立種牡馬所と三〇の種牡馬繋養所、二つの実習訓練所が設置され、競走馬の出走資格、レースの等級づけ、賞金などが規定された。このような組織化の試みは、のちの競馬機構が発展するための礎《いしずえ》となっている。

一八三三年は、フランス競馬にとって、画期的な年となる。まず、フランス産および輸入馬のすべてのサラブレッドについて、血統を記載するスタッドブックが作成された。次に、馬産と競馬について見識をもつ一二名の人々が協力して、フランス馬種改良奨励協会が誕生した。ほどなくこの協会との関わりのなかで、ジョッキークラブと通称される団体も生まれている。

しかし、競走馬の数が増えても、馬を調教したり馬に騎乗したりすることはフランス人の手にあまることだった。そのために多数のイギリス人が移住し、彼らの手でフランスの馬が管理された。フランス人の騎手もぽつぽつ出ていたが、十九世紀末まで騎手はほとんどイギリス人だった。

一八三四年、パリ近郊のシャンティイで競馬が開催されたが、そこは理想的な場所だった。地面のしなやかさ、土地の広大さ、景観の美しさ、交通の便などが備わり、すばらしい競馬場となる素地があった。このシャンティイで競走馬の調教がなされるようになり、数多くのイギリス人の調教師と騎手がフランス人の馬主のために働いていた。シャンティイにはイギリス人家族の共同体ができており、いわばフランスにおけるニューマーケットであった。

さらに、一八三六年にはダービーにあたるジョッキークラブ賞、四三年にはオークスにあたるディアヌ賞が創設された。

一八五一年、ナポレオンの甥である男がクーデタで政権をにぎると、皇帝ナポレオン三世と称した。その後の二〇年間は第二帝政とよばれたが、この期間にフランスのサラブレッド生産は飛躍的な発展をとげている。なかには競馬の本国イギリスに遠征してそこですぐれた競走馬を走らせようとする馬主も出てきた。やがて、この大胆な企ては報われることになる。

一八五六年、ブーローニュの森のはずれにある土地がパリ市から奨励協会に譲渡され、そこにロンシャン競馬場が設けられる。この優雅な競馬場は交通の便もよく、快適であったので、かつてフランスでは見られなかったような大衆の行楽地になった。彼らは着飾って出向き、酒を飲み、そして何よりも賭けを楽しんでいた。

このロンシャン競馬場で、一八六三年には前代未聞の高額賞金が付くパリ大賞典がはじまり、第一回はイギリス馬ザレインジャーが優勝した。だが、翌年には、フランス産馬フィーユドレールがイギリスのオークスを勝ち、競馬本国のクラシック初制覇をなしとげた。この勝利はあからさまな敵意で迎えられたという。

その翌年の一八六五年には、かのフランス産馬グラディアトゥールがイギリス三冠馬になったのだから、イギリス人の狼狽《ろうばい》と落胆ぶりが想像される。だが、最初の茫然《ぼうぜん》自失の時が過ぎると、イギリスの人々もこのすばらしい馬への称賛を抑えることができなかった。イギリスの新聞には「グラディアトゥールが疾走していると、ほかの馬はまるで立ち止まっているように見える」と記されている。もっとも、グラディアトゥールはフランス人が所有していたが、調教にあたったのはフランスで仕事をしていたイギリス人であった。とはいえ、グラディアトゥールの出現は競馬の歴史に新時代の幕開けを告げるものだった。

グラディアトゥールの馬主でもあったラグランジュ伯爵は同世紀半ばから逝去するまで三〇年以上にわたってフランス競馬界の大立者であった。誠実で礼儀正しかったので人々から敬服されていたという。同伯爵は敵地のイギリスで、ダービー、千ギニー（二回）、二千ギニー（二回）、セントレジャー（二回）、アスコットゴールドカップ（四回）に優勝している。フランス国内でも、ジョッキークラブ賞八勝、ディアヌ賞六勝、パリ大賞典二勝という輝かしい成績を残した。

グラディアトゥール以後、イギリスの大レースを制覇するフランス産馬が続出した。それでも、フランスのクラシック競走は内国産馬にかぎられていた。そのためにイギリス馬が締め出されているという不公平感がつのっていた。この不満はフランス人たちが公平な態度でのぞむようになるまでつづいたのである。

一八七〇年、ドイツ人の大国プロイセンとの戦いに敗北したことは、フランスの競馬に大きな傷痕《きずあと》を残した。厩舎は散り散りになり、競走馬の多くが海外、とくにイギリスに送られてしまう。競馬場は荒れはて、厩舎も調教場ももぬけの殻になり、競馬従事者もほとんどいなくなった。だが、競馬再建への確固たる意欲をもつ奨励協会は断固として立ち上がる。まず、地方での小規模な競馬を成功させ、ついでロンシャン、シャンティイでの競馬開催に成功した。やがてすべての競馬場は平穏さを取り戻した。

しかし、競馬の発展はさらなる問題に連なっていく。賭け事なしの観戦だけでは競馬の楽しみも長つづきしない。大金をはたく貴族もささやかな庶民も競馬に賭けることでより楽しみを得られる。十九世紀半ばには、場内を歩き回って営業するブックメーカーが黙認されていた。

やがて、賭け事をシステムとして機能させる動きが生まれる。賭け金から手数料などを引いた残りを勝者に分配するパリミュチュエルなどの賭けの形式が出現する。これらの企画者は莫大な利益をあげたが、あらゆる営利計画をみずからに禁じることで威信を得ていた奨励協会には手を出しづらい事業だった。しかも、この種の事業にともなう不正問題は正直を旨とする奨励協会であるから、厄介な荷物であった。

しかし、これらの賭け企画の活動を制限する動きが強まっていく。一八八六年、完全に浄化された土台の上で管理機関が生まれ、スポーツ奨励協会が設立された。やがて、きわめて単純かつ合理的な基盤に立って競馬の賭けと協会の未来を切り開くべく、いくつもの法案が提出されたのである。

他の諸国の競馬事情

イタリアでは、イギリスに準じる競馬は十九世紀後半にはじまっている。一八六一年、イタリア王国が成立すると、国王ヴィットリオ・エマヌエーレ二世（在位一八六一－七八年）はイギリス産サラブレッドの輸入に本腰を入れ、すぐに私人の生産者がこれに追随した。一八七九年には、政府の命令で血統書が創刊され、翌年にはジョッキークラブが設立された。一八八一年、首都ローマにカパンネッレ競馬場が新設され、やがて三年後に公式の伊ダービーが開催されている。そのころイタリア中に小規模なものも数えれば四〇の競馬場があったという。それらのなかでひときわ目を引くのが、一八八八年開設のミラノのサンシロ競馬場であった。そこでは最高賞金額の大レースも行われるようになる。

「ヨーロッパでもっとも馬を愛するのは、おそらくドイツである」と語られることがある。そこには、すぐれた馬の生産と育成にひときわ熱意をいだく人々がいた。すでに十九世紀初めには、イギリス産サラブレッドが注目され、輸入されている。やがて、それらの競走馬による競馬が開催されるのに年月はいらなかった。北部では、一八四〇年のハンブルグの記録に「第一級の優良な競馬場で、馬主五〇人により、二日間に一四レースが行われ、観衆一万人が集まった」と報じられている。南部では、一八五八年、しばしば国際会議が開かれカジノ場でも名高いバーデンバーデンで最初の競馬が開催された。それとともに、ここで大賞典が実施されたが、最初のころは、毎年、フランス馬に優勝をさらわれていた。この大賞典(バーデン大賞)は今日でもドイツ最高のレースとして知られている。

一八七八年、ロシアとトルコとの戦争を調停するために、ベルリン会議が開催された。その席上で、ドイツ帝国の鉄血宰相ビスマルクは大英帝国のディズレーリ首相に熱意をこめて語ったという。「イギリスは絶対に社会主義国にはなるまい。あなた方は幸せな国だ。……イギリス人が競馬に熱中しているかぎり、社会主義があなたの国に発生する機会はない」

国策として社会主義に厳しい態度でのぞんだビスマルクであるから、卓抜な洞察力かもしれない。この話はヴィクトリア女王宛のディズレーリの書簡に記されている。

ドイツで注目されるのは、すでに早い時期から、きわめて公正な競馬が行われ、巧みに運営されていたことである。だが、ここではすぐれた馬の生産が必ずしもサラブレッドの生産と結びついたわけではない。そのために、競走馬の生産頭数はイギリスやフランスに比べてかなり少なめであった。

中欧に目をやると、そこはもともと多民族が住む地域である。とくに騎馬遊牧民の流れをくむマジャール人はハンガリー王国としてまとまるほど独立心が強かった。オーストリア帝国は彼らの要求を受け入れて、一八六七年、オーストリア＝ハンガリー帝国が成立している。オーストリアは騎兵用の馬を生産することには熱心だったが、サラブレッドの生産は軽視され、ウィーン競馬場をのぞけば競馬にはほとんど無関心だったという。

ところが、ハンガリーでは、マジャール人の大胆にして完成された騎乗技術の伝統が十九世紀にも息づいていた。ハンガリー人は狩猟とともに競馬を楽しむようになり、大規模な馬産も営まれていた。すでにハンガリーでは、十九世紀半ばには、国立牧場が設立され、イギリス産サラブレッドが輸入された。そこに関係する人々はことさら生産と育成に熱意を燃やし、彼らの努力と幸運のおかげで、ハンガリーの馬はヨーロッパのいずれの国にも劣らないほどの立派な馬になっていた。競馬も広く人気を博し、「ハンガリーの競馬には、貴族中心のフランスと異なり、熱狂的な農民の群衆が集まった。また、一流のアマチュア騎手が多かった」という。腕のいい素人騎手が競い合う場面が目に浮かぶようだ。

このようなハンガリー人の熱意があったためか、一八七六年にはハンガリー産のキシュベールが本場イギリスのエプソム競馬場のダービーを楽勝してしまうのであった。

キシュベールより一年遅れて、ハンガリー産だが、とてつもない牝馬が登場する。ハンガリー語で「私の宝」の意をもつキンツェムは二歳から五歳まで走り、五四戦全勝という驚くべき偉業をなしとげる。

二歳時には、ドイツ、オーストリア、ハンガリー、チェコの四か国を転戦し、一〇戦一〇勝。

三歳時には、ハンガリーのクラシック競走のすべてに勝利し、ドイツの大レースであるバーデン大賞も制した。

四歳時には、イギリスにも遠征して長距離の大レースであるグッドウッドカップに勝利している。イギリスの日刊紙は「もっとペースが速ければ、一〇〇ヤード（約九〇メートル）くらいの差をつけただろう。……キンツェムのレースぶりは末永く記録されるにちがいない」と観戦記を残している。この後、フランスに渡って、ドーヴィル大賞を制し、さらにドイツに移動して、バーデン大賞を連覇した。

五歳時には、再度ドイツに渡り、バーデン大賞三連覇をなしとげている。このバーデン大賞で唯一の苦戦を強いられ、１着同着になっている。当時のルールでは、１着同着の場合は再レースになり、そこではあっさり5馬身差で勝利した。もっとも同着になったのは、キンツェムの主戦騎手マイケル・マドンが酒に酔って騎乗したからだと噂された。

まさしく世紀の名牝《めいひん》、否、サラブレッド史上最強牝馬の称賛さえ言い過ぎではない。このような歴史を画する名牝の誕生も、馬の生産と育成に対するハンガリー人の並はずれた熱意から出てきたものであろう。たんなる奇跡という表現ではすまされないような気がする。

第6章　馬産地ケンタッキーの台頭

――十九世紀の世界の競馬

恵まれた立地条件

海を越えてアメリカ大陸に渡ると、イギリス植民地の経験から、合衆国でも競馬は衆目を集めていた。十八世紀後半の独立戦争以前からヴァージニア州と南北カロライナ州では競馬が盛んだったが、これらの州からケンタッキー州に入植する人々も少なくなかった。これらの入植者は馬を連れてきたが、その多くは短距離快速のクォーター馬《ホース》であった。

独立戦争が終わり平穏が訪れたとき、ケンタッキーにもサラブレッドが繋養されていた。やがて、ここでの生産と競馬はことさら勢いをもっていた。とくに、ケンタッキーの土地は、アイルランドのごとく石灰岩層からなり、ブルーグラス*が生い茂っていた。ここは世界でも有数の天然の馬産地となる力がひそんでいたのだ。

このような恵まれた馬産の環境にあったので、十八世紀末、ひなびた貧しい州だったケンタッキーには、三つの大牧場と多数の小牧場が散在していた。それらの牧場のなかには、第一回エプソムダービーの優勝馬ダイオメドの産駒が種牡馬として活動していた。

この地は、十九世紀半ばごろには、二〇か所ほどの競馬場をもっていたが、この数はほかのいずれの州よりも多かったという。だが、賞金は低額であったので、有力馬が出走するレースはほとんどなかった。当初、ケンタッキー州はあくまで馬産が中心であり、全国のほかの州に生産馬を売却するのが目的だった。このころ広告に載せられた種牡馬は三六頭もあったが、この数は南部の有力馬産地ヴァージニア州をはるかにまさり、テネシー州にだけわずかにおよばなかった。

ケンタッキー州には二五〇〇平方マイル（六五〇〇平方キロメートル弱）におよぶブルーグラス・カントリーがある。この緑あふれる牧草地の中心にはレキシントンという町があり、このブルーグラスの地がやがてすぐれたサラブレッドの生産地としてアメリカのみならず、世界に君臨することになる。

すでに十八世紀末には、陸軍がケンタッキー産の馬を買うように宣伝していたという。この名声が競走馬の生産にまでおよんでいくには、多くの人々の熱意があった。とりわけ、エリシャ・ウォーフィールド・ジュニアという医学者の努力は特筆すべきものがある。医学の学位修得後、彼は開業するとともに、大学で外科と産科の教授を務めている。しかし、四十歳で体調をくずして引退を余儀なくされたが、できるだけ戸外で過ごすように、と助言されたという。もともと、家畜にも興味があり、若くして競走馬の馬主でもあった。こうしてウォーフィールド医師は馬の生産に並々ならぬ情熱をそそぐようになった。

ブルーグラス地方の人々は馬について実生活の肌身にしみた経験をもっており、それを医学の素養と科学的な研究と結びつけることになる。ウォーフィールド医師は理論家であるとともに、実務家肌のところもあった。自分の持ち馬の種付け料を現金二三ドルと設定しながらも、煉瓦、牛、ウイスキーなどの一定量で代用できると柔軟であった。やがて馬産家としての経歴に輝かしい成功がそえられる。晩年に自分の生産牝馬から牡馬ダーレーが生まれるという幸運があった。この馬は改名してレキシントンとよばれたが、十九世紀アメリカの最高の名馬と讃えられることになる。この馬については後述する。

白熱のマッチレース

ところで、賭け事をともなう競馬は、いずれにあっても道徳の問題にふれることが少なくなかった。ニューヨーク州でも公正さを欠く競馬はしばしば禁制の憂き目にあっている。それでも、巧みに法の目をくぐって、競馬を開催していたという。許可されたり廃止されたりをくりかえしながら、一八二一年、クイーンズで保安官の監督下で五年間の試行が認められた。

このために、ユニオン競馬場が開設されたが、そこには「緑草をはがされた」走路ができあがった。こうして、草がはえた走路よりも馬のスピードが増すことが明らかになり、「ダートコース」*という新しい模範が姿を現すのだ。

その二年後、このユニオン競馬場は、競馬が広く大衆の目を引き寄せる舞台となる。なにかと北部と南部との対抗意識が強かった合衆国で、北部最強馬と南部最強馬とのマッチレースが行われたのである。

一八一四年、英ダービー馬ダイオメドの産駒デュロックを父として生まれた牡馬は、歩様がすばらしく、体力もスピードも並はずれていた。伝説の名馬にちなんで、アメリカンエクリプスと名づけられた。ゆっくりとした育成の後、馴致《じゅんち》*と調教がはじまり、四歳時に最初のレースに出走したが、楽勝だった。五歳時にも数度レースに出走し、いずれも勝利をおさめる。ところが、州議会で競馬禁止令が出たので、アメリカンエクリプスは不敗のまま引退することになった。

六歳時には信じがたい安値で八七頭の牝馬に種付けした。翌年にはこの禁止令が撤廃され、競馬が復活する。そこで、ふたたびアメリカンエクリプスの調教がはじまった。七歳時も八歳時も走り、すべての馬を打ち破って無敵の名をほしいままにした。そこで、いささか傲慢《ごうまん》にも、馬主側は、四マイル（約六四〇〇メートル）のヒート競走で双方とも二万ドルの金額を賭けて、アメリカンエクリプスに挑戦する馬を募った。

これに対して、ヴァージニア州の馬主たちは応じる気配をみせる。彼らは南部最強候補馬五頭を選び出し、お互いに試走させてみた。半年後のマッチレースの出走時刻まで挑戦馬を確定する必要がなかったので、十分な時間があった。そのような試走のくりかえしのなかで、最終的に選ばれたのが四歳馬ヘンリーであった。

ヘンリーは競馬の経験は少なかったが、前哨戦《ぜんしょうせん》のレースを好時計で連勝するなど、能力の高さをみせていた。しかも、このころは八歳馬ぐらいが競走馬の頂点にあると考えられていたので、九歳馬アメリカンエクリプスが一二六ポンド（約五七キロ）の負担重量だったのに、四歳馬ヘンリーは一〇八ポンド（約四九キロ）の負担ですんだのである。

一八二三年五月最終火曜日のユニオン競馬場。当時のニューヨーク市の人口は一五万人だったが、六万人の観衆がつめかけたと記録されている。このうち二万人ははるばる南部からやってきた人々だったとも言われる。この時代の有力馬は広く大衆の人気を集めていたので、この大レースを見るためにこれだけの観衆が集まっても不思議ではなかった。ニューヨークの街はレースに先立ってお祭り騒ぎにあふれていたという。当日は、副大統領、州知事、下院議員らも参列して、華々しいにぎわいだった。

この争いは、ヒート競走形式のマッチレースであった。二頭の馬が四マイルの一ヒート競走を数回走り、どちらかの馬が複数回勝利すればそのレースを制したことになるのだ。

第一ヒートは若いヘンリーの人気が高かった。応援する南部の人々の熱狂がすさまじく、北部代表のアメリカンエクリプスが半年ぶりの出走だという事情が知れ渡っていたからである。

図13　アメリカンエクリプス

ウィリアム・クラフツ騎乗のアメリカンエクリプスとジョン・ウォールデン騎乗のヘンリーが並んで進みだすと、太鼓が鳴ってスタート。ヘンリーの行き足が速く、ほどなく3馬身は離されたままアメリカンエクリプスが追走した。ペースは「死ぬほどすごいもの」で、最後の一周になり、残り四分の一マイルの直線で、クラフツは騎乗馬をなにがなんでも前に出そうと鞭と拍車を痛ましいほど激しく打ちつづけた。アメリカンエクリプスは尻尾を空中にふりあげ上下に動かしていたというから、痛みに苦しがっているようだったという。それでも、ウォールデンは鞭も拍車も使わず、抑え気味にヘンリーを走らせていた。クラフツは馬を激しく急き立てたが、無駄だった。ヘンリーは手綱《たづな》を引かれたまま、1馬身差をつけて悠然とゴール地点を通過した。タイムは7分37秒5であり、当時のアメリカにおける最速記録だった。

南部側の人々は勝利の歓声をあげ、大金を賭けていたから喜びもひとしおだった。ヘンリーはそれほど疲れた様子もなかったが、アメリカンエクリプスは疲れはて、はげしく鞭打たれたので睾丸《こうがん》から出血するほどだったという。しかし、この古馬の回復は思ったより早く、第二ヒートには往年の名騎手サミュエル・パーディが騎乗することになった。

第二ヒートのスタートが切られたが、ヘンリーは前走ほど難なく引き離すことはできなかった。パーディは抑え気味でも先行馬との差をつめたまま追走し、残り一マイルになったころ追い上げにかかった。半馬身差で最後の一周を並走したが、そこからパーディはペースを落としてアメリカンエクリプスを走路の内側にすべりこませた。最後のコーナーを回って直線に入ると、アメリカンエクリプスはその日初めて先頭に躍り出た。パーディの巧みな鞭に応えてアメリカンエクリプスの速度があがり、およそ2馬身ほど離したところがゴールだった。タイムは7分49秒だった。北部の観客は「手を打ち鳴らして歓声をあげ、ハンカチをふり、長く盛んな喝采をおくった」という。

一勝一敗だが、どちらの馬もかなり疲れ切っていたらしい。だが、中休みを経て、第三ヒートがはじまる。ヘンリー側騎手の乗り替わりがあり、すでに調教師になっていたアーサー・テイラーが体重が二ポンド超過していながらも騎乗することになった。

もはや両馬へとへとながらも、このような場合には調教をより多く積んでいた古馬が有利だった。第三ヒートがスタートすると、アメリカンエクリプスが先行し、ヘンリーは古馬の脇腹から鼻先を離されないように懸命に食い下がった。それでも、ヘンリーに余力はなく、アメリカンエクリプスはあっさり3馬身差で凱歌を飾った。タイム8分24秒は両馬の疲労困《こん》憊《ぱい》した様を物語っている。なにしろ三ヒートの合計一二マイルを終始いっぱい駆り立てられて走ったのである。

アメリカンエクリプスが凱旋の舞台に引き出されると、「征服せる勇者来たるを見よ」がブラスバンド演奏される。『イヴニングポスト』紙はこの国の報道史上初とおぼしきスポーツ版の「号外」を発行した。

南部側から再挑戦の申し入れがあったが、アメリカンエクリプスの馬主は慈悲深く自分の馬を引退させた。その後も、新しい最強馬を自負する競走馬たちのマッチレースがくりかえされ、広く大衆の関心を集めた。

レキシントンの激闘

一八三三年生まれの牡馬が、二歳時、「ボストン」とよばれる様式のトランプの賭けの清算のときに、法律家の手に渡った。馬は乗りならされておらず、調教を受けた三歳時にも、調教担当の少年が乗りこなすことができないほどだった。その馬はボストンと名づけられたが、「去勢するか安楽死させるかしかないが、まあ後者がいいだろう」と忠告されたという。

鞭を使って調教がくりかえされ、やっとのことでマッチレースに出走したが、大きく引き離して先行していながら途中でぴたりと止まってしまうのだ。騎乗者の命令にごねて従わないのだから、平凡な乗用馬として使いながら調教し直された。ボストンは追い越そうとする馬に嚙みつくほどの悪癖があったが、やがて見ちがえるほどの競走馬になっていった。十歳まで走りつづけ、生涯四五戦四〇勝という輝かしい実績を残した。

このボストンが完敗したマッチレースの相手がファッションだった。九歳馬ボストンは負担重量一二六ポンド、五歳馬ファッションは一一一ポンドである。レース当日は七万人という観衆がユニオン競馬場につめかけ、そのなかには、わざわざワシントンからやってきた四〇人の上院議員と下院議員もいた。第一ヒートは1馬身差の辛勝だったが、第二ヒートは大差の圧勝で、ファッションが強さを誇示した。

ところで、このボストンを父、ウォーフィールド医師の生産牝馬を母にして、一八五〇年、ダーレーとよばれる牡馬が誕生した。三歳馬戦で強さをみせつけ、リチャード・テンブルークという男に買い取られた。彼は同馬をレキシントンと改名し、五歳になって全州それぞれの最強馬を競わせるレースに出走させた。そこで同じくボストンを父にもつルコントとほか

図14　レキシントン

の二頭を斥けて楽勝した。

一週間後、レキシントンとルコントがふたたび顔を合わせたが、両ヒート競走でルコントが連勝した。レキシントンにとって、生涯七戦しかしなかったが、唯一の敗戦だった。結果に腹を立てたテンブルークは、挑戦状を突きつけた。そこで、レキシントンと再戦しないにしても、四マイル競走のルコントの勝ちタイム7分26秒をレキシントンが破るという賭けが持ち出された。

全国から集まった観衆の目が時計に釘《くぎ》づけになるなかで、ペースメーカー*二頭をひきつれてスタートが切られた。だが、ペースメーカー二頭はたいした役にも立たず、抑えきれないままレキシントンがゴールした。四マイルの走破タイムは7分19秒¾だった。ルコントの勝ちタイムを六秒以上も上まわったのだから、「あの有名なレキシントンに、さらに偉大な栄光をもたらした。……この結果は、熱烈な希望と熱狂的な期待をはるかに凌いでいた」と地元の新聞は書きたてた。ほどなく自負心を傷つけられたルコント側からの挑戦があったが、両馬のマッチレースはレキシントンの楽勝だった。

だが、このころからレキシントンの目はだんだん見えなくなっており、おそらく遺伝的なもので父馬ボストンも同様だった。テンブルークはレキシントンを引退させることにした。偉大なる名馬と讃えられながら、同馬の戦歴が七戦にすぎないのはそのせいである。そのために、レキシントンはケンタッキー州のウッドバーン牧場に売却され、種牡馬として余生をおくった。

この牧場を経営したのはロバート・A・アレクサンダーであり、ケンブリッジ大学で学んだ後、三十歳でアメリカに帰国していた。彼は馬の生産に効率性を初めて取り入れた合理的精神の持ち主だった。そのせいか、この牧場は世界最大ともいえる規模に成長する。というのも、レキシントンはその後一六回にわたって種牡馬ランキングの首位に輝いたのである。この「盲目の英雄」が十九世紀アメリカの最高の名馬と讃えられるのはケンタッキー州ウッドバーン牧場の努力の賜物《たまもの》であった。

ケンタッキーダービーの創設

ところで、十九世紀になると、本場イギリスでは四マイルの長距離レースは稀《まれ》になり、同日に数回走るヒート競走も姿を消しつつあった。それとともに、クラシック競走のように、一回勝負《ダッシュ》の中距離レースが盛んになっていた。

アメリカでは、この傾向に懐疑のまなざしをいだいており、長距離レースこそ真の強者を決めると考えられていた。だが、同世紀半ばになると、一マイルのヒート競走や一回勝負《ダッシュ》のレースが数多くなっていく。馬の出走年齢も若くなり、四歳が通例になり、三歳での出走も少なくなかった。

たしかに、四マイルのヒート競走は馬にとって過酷であり、見る者にも退屈だと嘆かれるようになっていた。若駒の出走は、馬主や生産者にとっても、自分の投資を早く回収するという理にもかなっていた。

一八六〇年、奴隷制拡大に反対するリンカーンが大統領に当選すると、南部諸州は連邦を脱退し、翌年には国を二分する南北戦争がおこった。戦争は四年もつづいたので、経済も社会も荒廃した。競馬界も例外ではなく、競走馬は激減し、競馬開催の意欲も失われていた。

とりわけ、かつて競馬に熱心だった南部諸州には、サラブレッドも資金もほとんどなくなっていた。中立だったケンタッキー州でも、安全のためにサラブレッドが分散したり、軍馬補充のために捕らえられたりした。それでも、ケンタッキー州では競馬開催が継続していたというから驚異である。

ここでも生産は打撃を被ったが、全滅はまぬがれ、廃れることはなかった。とりわけ、南部諸州の荒廃のために、繁殖資源に恵まれたケンタッキー州は、馬産地として繁栄にむかう。また、かの名馬レキシントンの産駒が数多く残っていたことはケンタッキー州の幸運であった。

さらに、北部では戦争中も、フィラデルフィアやシカゴで断続的に競馬が開催され、ニューヨーク州では避暑地サラトガでの競馬もはじめられていた。こうして、戦後の復興期に目立ってきたのは、競馬の活動のほとんどが南部から北部に移ったことである。

アメリカ競馬は、若駒の出走、一回勝負、中距離レースへとむかっていた。その潮流の行きつくところは、ダービーの創設である。一八七五年、ケンタッキー州のルイーズビルに、チャーチルダウンズ競馬場が開設される。その最初の開催にあたって、ケンタッキーダービーと同オークスが創設された。競馬の復興を象徴する出来事だった。

同年、名馬レキシントンがウッドバーン牧場で死亡した。種牡馬ランキングの首位を占めること一六回であるから、十九世紀後半における有力馬の多くがレキシントンの産駒か、その血を受け継いでいた馬であったことは想像に難《かた》くない。とくに南北戦争がはじまった年のレキシントン産駒には最良の牡馬三頭がいた。ノーフォークとアステロイドは無敗のままであり、ケンタッキーはノーフォークに一敗しただけだった。また、南北戦争直後にも最強馬ハリーバセットなどがいた。これらの馬はレキシントンの後継種牡馬としても活躍したのだった。

南北戦争後の中西部でも、競馬はいたるところで歓迎され、おびただしい数の競馬が開催された。だが、乱暴な形で行われることも多く、不正がはびこって世間の非難にさらされることも少なくなかった。

西海岸のカリフォルニアまでくると、競馬は戦争の荒波にさらされることがなかった。ここでは十九世紀後半でも四マイルのヒート競走が行われており、中西部をふくめて競馬の形式はまちまちだった。それとともに、競馬場の数も競馬開催日も多すぎるほどだったし、ブックメーカーの活躍はますます目立っており、その売り上げは巨額に達していた。しかし、これらの不正行為を規制するような管理機構が存在しなかったので、公正な競馬を運営していくためには、多くの問題が残されていた。

アメリカでは何事も州単位で実施されることが多かったので、イギリス競馬のジョッキークラブのような中央統轄機関の出現が望まれていた。だが、その道のりは険しく、いくども試みられながら挫折がくりかえされていた。まだそれが形をなすには年月を要するのである。

イギリス入植地の競馬

カナダでは、早くからイギリス人もフランス人も入植していたので、多数の馬が持ちこまれていた。だが、気候が厳しかったので、競馬が発展する余地は少なかった。南北戦争の時期になると、安全を求めて北上したアメリカ産のサラブレッドが数多くカナダ人の手に入った。これらのなかにはケンタッキー州の牧場から来た一群があり、レキシントン産駒がほとんどだったという。もちろん、それらの馬がカナダの最良馬になっている。

さらに、南北アメリカ大陸のほとんどの国々で競馬が開催されている。南米はイギリス入植地ではないが、北米の影響力が大きかった。とくに熱狂的といえるのはアルゼンチンであろう。なによりも馬の育成にふさわしい気候風土に恵まれていた。十九世紀半ば、イギリスやフランスから多数のサラブレッドが輸入され、かつての征服者スペイン人が連れてきた馬の子孫と交配された。すぐれた自然環境のせいで、すばらしい産駒が生まれている。一八八一年にはアルゼンチン・ジョッキークラブが創設され、ブエノスアイレスにパレルモ競馬場が開設された。

オーストラリアもイギリス人の入植地であったので、すでに十九世紀初めには競馬が開催されている。最初はサラブレッドの種牡馬が輸入され、土着の雑種である牝馬と交配された。やがてサラブレッドの牝馬も輸入され、競走馬の質が高くなっていく。それとともに、賞金額、レース数が増加し、オーストラリアの全賞金額はヨーロッパ大陸の全賞金額を上まわるほどだったという。

とりわけ一八七〇年代になるとシドニーやメルボルンでの競馬はひときわ目をひくものになっていた。イギリスから来たブックメーカーの一人は「メルボルンは世界で最大の競馬都市としてとびぬけた存在である。すべての住民は競馬によって生活しているように思われる」と語っている。さらに、別の一人は「シドニーの競馬場とメルボルンの競馬場では、イギリスの競馬ファンを驚かすほどの規模で競馬が行われている」という感想をもらす。

このような競馬の大盛況という時代を背景として、一頭の名馬が出現する。一八八五年、ニュージーランドの牧場でカーバインと名づけられる牡馬が誕生した。父馬マスケットも母馬（出走歴なし）もイギリス産の輸入馬であった。幼いころは貧弱なところがあったが、のちには体高一六三センチもある堂々たる馬体に成長している。だが、外観については、尻の筋肉が立派に盛り上がっている点をのぞけば、それほど目立ったところはなく、ほめ言葉は少なかったという。

見かけはともかく、なによりもカーバインがすぐれていたのは気性のおとなしさだった。しばしば「人間よりもよく知っている」と語り草になるほどであり、とにかく賢い馬であったらしい。どこがゴール地点であるかを知っていて、そこで先頭になるように走っているとか、大事なところでは自分で動き出し、前が開けば自分でそこへ突っ込んでいったとか、スタート前に脚を進めるときコースの進行方向とは逆に行くことを嫌がったとか、さまざまなエピソードが残されている。

それにもまして、カーバインはとてつもなく強い馬だった。二歳時には生産地ニュージーランドで走り、五戦全勝だった。翌年、三歳時にはオーストラリアに渡り、一三戦九勝。四歳時には一四戦九勝、五歳時には一一戦一〇勝。生涯成績は四三戦三三勝だった。

なかでもメルボルンカップの二連覇は輝かしいが、とりわけ、一八九〇年、五歳時の第三〇回メルボルンカップは特筆ものである。この最高級の格をもつ二マイルのレースはハンデ戦であり、実績のある馬ほど負担重量は重くなる。カーバインに課されたのは一〇ストン五ポンド（約六五・八キロ）だった。八万人の大観衆が見守るなか、三九頭が出走し激しいレースであったが、カーバインが2馬身半差で楽勝した。このとき2着馬は二四・一キロも軽い負担重量で走っていたのであり、カーバインのもの凄《すご》さがしのばれる。この優勝馬としての負担重量の記録は今日にいたるまで破られていないのだから、想像を絶する強さだった。しかも、勝ちタイム3分28秒¼は当時のコースレコードであるばかりか、全オーストラリア新記録だった。

もはや同馬の人気はオセアニアの国民的アイドルだった。引退後、オーストラリアで種牡馬として成功し、十歳になったとき、本場イギリスに種牡馬として売られた。カーバインがメルボルン港を出港する日付は混乱を避けるために極秘にされていたという。それにもかかわらず、港には一万人がつめかけていたというから、まさしく国民を魅了した英雄だった。

イギリスの植民地としては、インドと南アフリカが注目される。

インドではすでに十八世紀末に、イギリスの陸軍将校たちが競馬をはじめたらしい。アラブ馬や地元産馬のレースが多く、サラブレッドは少なかった。やがて不公正な競馬や賭け事がはびこったために、十九世紀半ばには競馬が衰退してしまう。それでも十数年後には復興し、小規模なものもふくめれば、インド全土で競馬場は一〇〇ほどはあったという。

一八七〇年代後半になると、競馬は活況を呈し、大きな人気を集めるようになる。マイソールやアガ・カーンなどのイスラム教君主が数多くの馬を所有し、イギリス人やオーストラリア人の調教師や騎手をかかえていた。競馬開催週間は社交上の最大の年中行事となり、なかには陽気で活気のある社交界となる競馬場もあった。しかし、湿度の高いインドの自然風土はサラブレッドの生産と育成には適したものではなかったので、競馬の発展にはおのずから限界があっただろう。

南アフリカでは、十八世紀末にイギリス人の手でサラブレッドが持ちこまれたという記録がある。十九世紀半ばには、およそ九〇頭のサラブレッドが輸入され、その後の二〇年間にそれを上まわる頭数が輸入されている。だが、牝馬の輸入は少数であったから、地元の牝馬との交配が多く、サラブレッドを生産する意図はそれほど強くなかったらしい。

十九世紀後半には相次いで金鉱が開発され、イギリス人が居住して、大きな富がもたらされた。このことは競馬の発展に多大の恩恵をもたらしている。サラブレッドがレースに出走するようになり、なかには地元産のサラブレッドも出現した。半血種の地元馬がことごとくサラブレッドに打ち負かされていき、さらに重い重量が課されても勝つのだから、純血種のサラブレッドの魅力は人々の心をとらえたのである。同世紀末には、ヨハネスブルグは人口六万人の都市になり、立派な競馬場もできている。

開国日本の状況

イギリスの植民地でもなく、イギリスに接するヨーロッパでもないのに、競馬がことのほか注目された国がある。ほかならぬ、わが日本である。

しばしば、日本の近代競馬は幕末の一八六二年（文久二年）にはじまった、と言われる。横浜レースクラブが組織され、横浜居留地にいた外国人によって競馬が開催されたのだ。このため二〇一二年（平成二十四年）には近代競馬の発祥から一五〇周年となったので、そのために各種の記念事業が実施された。しかし、公式の記録とは別に、ほかの記録からすれば、競馬が行われたのはもっと古いだろう。

一八五九年（安政《あんせい》六年）に横浜が開港され、外国人の往来が認められた。翌年に来日したアメリカ人の一人はその日記に「日本における西洋文明伝播《でんぱ》史上、初めて競馬が開催された日」となると記している。その日は一八六〇年九月一日であった。開港されて一年二か月後だから、驚異的な早さである。

また、「馬蹄形《ばていけい》のコースが細い川の向こうに側に造られた」ともあり、このころの外国人居留地からみて細い川の向こう側とは当時の本村《もとむら》（現在の元町《もとまち》の商店街一帯）であるという。たとえ有志がたんに娯楽のために行ったものにすぎないにしても、初出の記録になる。しかし、その日のことはほどなく忘れ去られてしまったらしい。

これらの競馬を知っていた外国人たちが、ほかにも居留地の近辺で競馬大会を楽しんでいたことは想像に難くない。そのような競馬への熱意が、やがて横浜レースクラブが組織され、競馬場が作られることで実を結ぶのである。もっともこの外国人居留地に隣接する競馬場は近辺に住宅を建設する必要に迫られ、すぐに使えなくなったらしい。

このころのレースを観戦したイギリス外交官アーネスト・サトウの日記には「競馬の日だが暑い。賭けには加わらなかったが、わたしは会員になっていたので、特別観覧席に陣取った。最良のレースは三頭が出走し、一頭がほかの二頭にわずか半馬身の差で勝ったレースである」と記されている。一八八八年（明治二十一年）に初めて馬券が発売されたというが、すでに非公式には外国人の間では競馬の賭けがあったことがうかがわれる。

やがて、競馬場建設予定地として根岸村が選ばれ、一八六六年（慶応《けいおう》二年）に工事が終了し、ここに根岸競馬場での競馬が開催された。一周約一七〇〇メートルの競馬場は、その後、七六年間にわたって一九四二年（昭和十七年）まで開催が続いた。

もちろん、この段階でサラブレッドがいるわけではない。主に体高の低いポニーによる競走であり、日本在来馬が走ったが、ほどなく中国から輸入された馬も登場するようになる。中国では、すでに上海《シャンハイ》、香港《ホンコン》、天津《てんしん》などで競馬が行われており、中国馬は競馬に適応する調教がなされ、なかにはアラブ種との交配で生まれた馬もいたという。中国馬は能力が高かったので、重い重量を課されている。

すでに一八六二年（文久二年）秋季開催の横浜ダービーを楽勝した日本馬パタヴィアという馬がいた。その強さはその後もつづき、居留民にもよく記憶されていたらしい。その三年後に横浜の街路をコースとして中国馬ラットと日本馬パタヴィアのマッチレースが行われた。途中、6馬身離されたところでパタヴィアが脱落し、ラットが楽勝した。距離は四マイル3/4、タイムは一三分だったという。日本馬と中国馬との能力差は歴然としていたのだ。

この能力差の問題は軍馬の育成という馬産の目的ともからんでおり、その後の馬匹改良という課題とも結びついていた。このころの日本馬は一五〇万頭以上もいたというから、身体能力における日本馬の劣悪さは深刻な問題だった。

それはともかく、一八六七年（慶応三年）の根岸競馬場開催の初日（一月十一日）には八レースが行われている。翌日の新聞には、第一レースには「三頭のポニーが出走し、1着ポドソク、2着サムライ」とあり、第三レースには「一〇頭のポニーが出走して、サムライが楽勝した」と報告されている。同日にサムライは二レースも走っており、最初のレースは脚ならしだったのか、次のレースでは楽勝している。

その後、このサムライは期待どおりの活躍をみせ、根岸の日本馬の王者第一号になっている。たとえば翌年の五月七日、サムライは二レース出走している。第一レース（半マイル）五頭立て2着、第三レース（一マイル）は日本チャンピオン戦で賞金三〇〇ドルであり、五頭立て1着、タイム2分33秒であった。翌八日には三レースに出走。第三レース（二マイル）は賞金一〇〇ドルであり、四頭立て1着、タイム5分6秒。第五レース（一周）四頭立て1着。第九レース（半マイル）は賞金一〇〇ドルで、八頭立て1着、タイム1分5秒。二日後の九日にはマッチレース（半マイル）二回に出走して、いずれも勝っている。なんとこの三日間開催に七レース出走して六レースで勝利をおさめているのだ。今日では想像もできない短期間の出走数だが、当時は過酷とは感じられていなかったのであろう。判明しているかぎり、サムライの生涯成績は三五戦二二勝であった。

もちろん横浜での競馬が外国人居留民の社交の場として設けられ、日本人の庶民がこぞって観戦するというわけではなかった。それでも近辺の農民や商人には競馬という見世物が認められていくきっかけにはなった。

文明開化と競馬開催

一八七九年(明治十二年)、明治政府は外賓を迎えることになり、その接待のなかに競馬があることを認めていく。横浜競馬を観戦した経験もあって、井上馨《いのうえかおる》も伊藤博文《いとうひろぶみ》も西洋社会でもつ競馬の意味をわきまえていたという。いわば日本の文明化をアピールする一環として競馬が考えられていたのである。

国策としての競馬が意識されるようになると、やはり東京近辺の競馬場が求められる。馬匹改良を必須の責務とする陸軍には、このような設備への要望がことさら強かった。陸軍省は陸軍戸山《とやま》学校の敷地内に競馬場を新設させる。この一周七一〇間《けん》(約一二八〇メートル)の戸山競馬場(現在の早稲田《わせだ》大学、戸山公園などがある辺り一帯)が東京初の本格的な競馬場になる。

このころから、いわゆる鹿鳴館《ろくめいかん》を象徴とする欧化主義が鮮明になる時代であった。国策としての競馬もそのような大きな流れのなかにあったわけである。この一八七九年には内務省勧農局育種場《いくしゅじょう》のある三田《みた》にも、一周六二〇間（約一一〇〇メートル）の競馬場が建設されている。ここでも貴顕紳士淑女が集い、音楽が演奏され、花火もあがり、宮内庁からも下賜金《かし》が出されるようになる。慶應義塾大学のある三田の丘から三田競馬場は眼下に一望することができたので、馬好きの福沢諭吉《ふくざわゆきち》もこのような光景を常日頃からながめていたにちがいない。

このようななかで日本レースクラブが生まれ、一八八〇年末の会費納入者数が外国人九〇名、日本人五一名の合計一四一名であったという。このような時代背景のなかで、一八八一年五月十日、明治天皇が初めて根岸競馬場を訪れ、以降、戸山や三田もふくめて競馬場への臨幸がくりかえされることになった。

競馬への関心が高まるとともに、より都心部での競馬開催への欲求も高まり、戸山競馬場の上野不忍池《うえのしのばずのいけ》への移転計画が浮上する。緑にあふれ池を囲んだ馬場は見栄えがよかった。おそらくパリのブーローニュの森のはずれにあるロンシャン競馬場が意識されていたらしい。

一八八四年（明治十七年）十一月一日が最初の三日間開催の初日だった。この初日には天皇も臨席され、太政大臣《だじょうだいじん》の三条実美《さんじょうさねとみ》、宮内《くない》卿の伊藤博文、外務卿の井上馨、内務卿の山県有朋《やまがたありとも》、農商務卿の西郷従道《さいごうつぐみち》、大蔵《おおくら》卿の松方正義《まつかたまさよし》らをはじめとする参議、大臣、華族がつめかけ、各国公使らのほとんども姿をみせている。慣例に従って、婦人同伴とされたから、招待客参列者だけでも千数百人にのぼったという。まさしく国家的一大行事として競馬が行われたのである。華々しいことかぎりないので、一般観衆も殺到し、周囲の桟敷《さじき》は予約で満席になり、馬見所《ばけんじょ》の高額入場料を偽造する者もいたという。

これらの競馬が軍馬の馬匹改良および鹿鳴館に象徴される欧化主義の流れとともに無難に進んだわけではない。たとえば、欧化主義の思潮の反動として国粋主義がおこり、明治二十年代（十九世紀末）には競馬そのものが政治的批判のやり玉にあげられる。そのとき競馬がいかがわしい賭博としての色合いをもつことも問題とされるようになる。また、競走馬の能力を高めるためにはサラブレッドが輸入されなければならなかった。その課題もまだ明治中期日本はほとんど手つかずの有様だった。

第7章　凱旋門賞創設と国際レースの舞台

——二十世紀のヨーロッパ競馬

新世紀の幕開けから第一次大戦へ

一九〇一年一月一日、競馬先進国イギリスはヴィクトリア女王の最晩年だった。そのころロンドンに留学していた夏目漱石《なつめそうせき》は、異国にいながら明治三十四年の正月を祝う気分でいたという。しかし、彼にとってその日が二十世紀の幕開けになることなどまったく関心がなかったらしい。

ところで、イギリスの日刊紙は競馬に関する記事だけで一面を占めるほど豊富だが、おそらく漱石はほとんど読んだことがないのではないだろうか。前年には、名種牡馬セントサイモン産駒のダイアモンドジュビリーが十九世紀最後の三冠馬になっていた。馬主はのちに国王エドワード七世（在位一九〇一－一〇年）になる皇太子であったから、競馬への関心はことさら高かったのではないだろうか。

二十世紀前半には、ヴィクトリア朝時代の競馬と同じような内容だった。一流の競走馬はクラシック競走をめざし、三冠獲得を理想とした。さらに、最高峰のレースと見なされていた長距離競走アスコットゴールドカップを制することが目標だった。

一九〇二年には並はずれた才能を持つ牝馬が登場した。セプターは五つのクラシック競走のすべてに出走し、ダービーをのぞく四冠を獲得するという快挙をやってのけた。生涯成績二五戦一三勝だったが、競馬史上最高の牝馬の一頭といわれている。

一九〇四年の牝馬プリティポリーも千ギニー、オークス、セントレジャー制覇という牝馬三冠をなしとげている。また、〇八年のシグノリネッタ、一二年のタガリー、一六年のフィフィネラは牝馬ながらダービーを制している。これらの三頭以後、ダービーを勝った牝馬はいないので、まさしく牝馬の黄金時代であった。

第一次大戦前の一九〇九年、エドワード七世治下のイギリスは、アイルランド自治、非国教主義者問題、婦人参政権運動、ドイツ海軍拡大などに直面して、きわめて緊迫していた。予算案が否決され、議会は解散されていた。このような混乱したなかで、国王の所有馬ミノルがダービーを勝利したのである。まだ日英同盟の絆で親日感情が強かったせいで、日本人にちなむ命名ではないかと言われている。

もっとも、この年には、ダービーには出走しなかったが、ベイヤードという名の強い馬がいた。三歳時に長距離のセントレジャー、中距離のエクリプスステークス、チャンピオンステークスなどを勝ち、翌年には長距離の最高峰アスコットゴールドカップをも制して、生涯成績二五戦二二勝で引退。やがて名種牡馬となっている。

このベイヤード産駒から、二頭の三冠馬が出ている。一九一七年のゲイクルセイダーと翌年のゲインズボローである。ただし、第一次大戦中の一九一五年から一八年までは代替競馬になり、すべてのクラシックレースがニューマーケットで行われている。

第一次大戦前の一九一三年六月、エプソム競馬場のダービーのレース中に、国内外を震撼《しんかん》させた悲痛な事件がおこった。一五頭の馬が猛スピードでコーナーを曲がっているときに、ある女性がコースに飛び出し、戦列は一瞬乱れる。だが、すぐに馬群は通り過ぎていった。観客にはよくわからなかったが、血と服の塊がぼんやりと見えたという。エミリー・デイヴィソンという名の中年女性が婦人参政権問題への抗議として二本の旗とともに身を投げたのである。しかも、新国王ジョージ五世（在位一九一〇－三六年）の持ち馬を狙ったものだった。不運にもエミリーは四日後に亡くなったが、騎手は軽傷ですみ、馬は無事だった。ただし、断然の本命馬が失格したため後味は悪く、結果としては単勝一〇〇倍という人気薄のアボイユールが優勝した。

やがて第一次大戦にいたる戦争は、当初は短期間で終了すると思われていた。一九一四年の競馬はいささか縮小されただけだった。ところが、翌年になると、さすがの競馬王国も厳しい事態に直面し、春の開催はニューマーケットをのぞき、すべてが取り止めになっている。これ以後の四年間、全面禁止の危機をかろうじて切り抜けながら、小規模に開催された。このために、一九一八年まで、クラシックレースはいずれもニューマーケット競馬場で行われた。

一九一九年には、戦後の陶酔感のなかで、競馬場には熱狂的な群衆があふれていた。人々は惜しみなく賭けに興じながら、平和を謳歌《おうか》したという。スポーツ全般に言えることだが、とくに大掛かりな見世物である競馬は平和と密接に結びついているのだ。

戦時中の注目すべき名馬が三頭いる。一九一六年の三歳時のみ走ったハリーオンは、セントレジャーをふくむ六戦全勝で引退した。同馬は種牡馬となっても傑出しており、ダービー馬三頭を世に出している。一九一七年の三冠馬ゲイクルセイダーと翌一八年の三冠馬ゲインズボローはいずれも三歳時にアスコットゴールドカップ（ニューマーケット開催）も勝って、戦時中にひそかな華をそえた。二頭ともベイヤード産駒だが、ゲインズボロー産駒からは二十世紀前半を代表する名馬ハイペリオンが出て名を轟かせることになる。

ダービー卿とアガ・カーン

第一次大戦後のイギリスおよびヨーロッパの競馬界は、二人の人物によって支配されることになる。第十七代ダービー卿（伯爵）とイスラム教イスマイール派（シーア派の分派）の精神的指導者アガ・カーン三世である。

ダービー卿は、一九一九年のセントレジャーを制する牡馬キーソーを生産した。その後、逝去するまでの三〇年間に二〇のクラシック競走を勝ちとっている。このダービー卿によっ

図15　ハイペリオン

て生産所有された馬のうちで、とりわけ重要であったのがハイペリオンである。

一九三〇年生まれのハイペリオンは小柄であった。スタミナはありそうだったが、軽快な動きが見られないので、マイルの二千ギニーは見合わせたという。エプソムのダービーではトライアル競走*の楽勝ぶりから一番人気になり、じっさいに最終コーナーを回り直線に向くと、余裕たっぷりに抜け出し、後続を寄せつけなかった。2着に4馬身差で2分34秒0のダービー・レコードだった。

その後、アスコットで一勝したが、脚部不安*で前哨戦に出走しなかったにもかかわらず、ドンカスターのセントレジャーを3馬身差で圧勝した。四歳時には調教師が替わったこともあり、ハイペリオンは闘志を欠き、調教も困難なほどになり、精彩を欠いたまま引退した。しかし、ニューマーケットの生地の牧場に帰ると、種牡馬として大成功をおさめるのである。

種牡馬生活に入ったハイペリオンは、種牡馬ランキングの首位に六回輝いており、産駒は一一のクラシック競走を制覇した。それらをふくめ、イギリスとアイルランドでおよそ七五〇レースに勝利している。その産駒のなかでは、一九四二年に牝馬三冠を制したサンチャリオットが特筆される。同馬に騎乗したゴードン・リチャーズ騎手はクラシック一四勝をあげているが、自分の騎乗したなかでサンチャリオットは最強の牝馬であると評価している。

アガ・カーンはすでにインドで競馬をはじめていたが、一九二一年にヨーロッパ競馬界に参入した。成功の見込みを感じたからであり、ほどなく彼の競馬と生産規模は拡大しつづけた。一九五七年に亡くなるまでにクラシック競走に一七勝をおさめた。

彼の代表馬はなんといっても一九三五年の三冠馬バーラムである。同馬は九戦全勝で引退したが、二十世紀唯一の無敗の三冠馬であった。翌年のダービー馬マームードは2分33秒8のレコードタイムで勝利し、その記録はその後五九年間破られなかった。

アガ・カーンの生産馬では牝馬で成功したものが多く、しかも、繁殖牝馬の一頭は第二次大戦後の名種牡馬ナスルーラの母となるのである。

アメリカ流の「侵入」

十九世紀末から顕著になってきたことは、さまざまな面でのアメリカ人の「侵入」である。まずは、モンキー乗り（一七三頁に後述）とよばれる騎乗スタイルが紹介され、めざましい成果をあげている。早くも一九〇〇年には、アメリカ出身のレスター・ライフ騎手が五五三戦一四三勝という成績で、イギリスの騎手ランキングの首位になった。しかし、このようにしてイギリス競馬界に参入したアメリカ人の騎手や調教師のなかには、不正をはたらく者も少なくなかったという。騎手のみならず馬もウイスキーを飲んでいることもあったというから、信じがたいことである。このような事例が重なり、薬物投与に関する規制が厳しくなっていく。ほかにも、飼料、馬房環境*、調教法、装蹄法*などでのアメリカ流の改良が進んでいった。

アメリカ移民の多かったアイルランドもアメリカ人の影響を受けている。アメリカ人馬主のアイルランド調教馬オービーは、一九〇七年にエプソムのダービーを制して、アイルランド国民を感動させたという。

騎手、調教師、馬主と同じように、アメリカ産馬も多頭数が流入するようになった。だが、純血種サラブレッドについての血統としての懸念があったともいう。そのために一九一三年に純血種に関する規制法が定められている。だが、翌年のダービー馬ダーバーはセントサイモンの血を引きながらも純粋のサラブレッドではなかったというから皮肉である。

フランスでは、ジョッキークラブとともに、馬種改良奨励協会が農務省の指導で強化され、権限を増すことになる。同時に、アメリカ流が流入することで大きな変動がうながされた。従来の風通しの悪い馬房環境が改善され、フランス競馬の中心であるシャンティイはニューマーケット以上に大きな変貌をとげるのだった。とくにフランスの競馬人が職業化したことは注目される。フランス人にとって、アメリカ流の技術はイギリスを破る秘密兵器であると意識されていたのかもしれない。第一次大戦のころまでに、フランス人の調教師はイギリス人に劣らないほどの数になっていた。しばしばこの世紀末前後について語られるように、競馬機構の発展にとっても、第一次大戦以前の四半世紀は「よき時代《ベル・エポック》」であったのだ。

一九一四年の戦争に巻きこまれたフランスは、シャンティイなどで最低限度の能力検定競走が行われるだけで、競馬の冬眠状態が訪れた。やがて戦勝とともに、一九一九年五月、ロンシャン競馬場の門が開かれ、活気がよみがえったという。だが、群衆の品行がよかったわけではなく、馬主も新しくなり、困惑が広がったらしい。馬主のなかには、ダービー卿やアガ・カーンはもちろんのこと、ほかにも、ギリシア人、アメリカ人、アルゼンチン人などの外国人が多かった。

さらに、一九二〇年、十月の競馬シーズン末の総決算として、ロンシャン競馬場の二四〇〇メートル競走となる凱旋門賞が創設された。賞金が高いこともあって、それまでのパリ大賞典やグラディアトゥール賞などの長距離レースの権威がだんだん凱旋門賞に移りそうな気配が濃くなっていく。

凱旋門賞が創設されてまもない第二回（一九二一年）と第三回（翌二二年）を連覇したのがクサールという馬である。六月の仏ダービーを大楽勝していたから、その後のパリ大賞典は誰も同馬の勝利を疑う者はいなかった。その美しい夏の日、ときのフランス大統領は、ロンシャン競馬場に日本の皇太子裕仁《ひろひと》親王（のちの昭和天皇）をともなって観戦に訪れている。ところが、大方の予想に反して、クサールは6着と惨敗してしまう。未だにその敗因は不明だというから、衝撃は大きかったのだろう。目の前で見られた裕仁親王はどのように受けとめられたのだろうか。しかし、秋になって凱旋門賞に挑戦し2馬身差で楽勝、途中で追われる場面はなく、騎手は最後まで手綱をもったままだったという。さらに、翌年の凱旋門賞でも、ロンシャンの大観衆の前で、クサールは大喝采をあびることになる。

引退したクサールは種牡馬としても大きな成功をおさめ、なかでも産駒のトウルビヨンは傑出した種牡馬となっている。同馬は一九三一年の仏ダービー圧勝よりほかに目立った実績はないが、馬主兼生産者の大立者マルセル・ブサック所有の種牡馬として大きな影響をおよぼすことになる。凱旋門賞馬二頭、仏ダービー馬二頭のほか駿馬を送り出し、それらの馬がまた名種牡馬となって、トウルビヨンの名は世界中で知られるようになった。

しかし、一九三九年にはじまる第二次大戦は、競馬の世界に大きな影響をおよぼしている。ほとんどの競馬場が閉鎖され、ロンシャン競馬場内の風車小屋の近くにはドイツ占領軍の大砲が設置される有様だった。避暑地で名高いメゾンラフィットの競馬場ではそこに来る列車が爆撃され、百数十名の犠牲者が出て、そのなかには有名な調教師もいた。しかし、ドイツ占領下にあっても競馬開催の落ち込みはイギリスほどではなかったと言われている。戦後になって、競馬は急速に息をふき返し、パリミュチュエルの賭けもにぎわいを見せはじめ、忌まわしい日々の記憶は薄れていった。

イタリア産馬ネアルコの奇跡

二十世紀前半の競馬を語るにあたって特筆すべきは、イタリアである。イタリアの生産規模は毎年数百頭でしかないほど小さいものであった。ミラノとローマでは国内最高峰のレースが開催されたが、外国馬の参加はめったになかった。しかし、人間の世界でもイタリアではときどき天才が生まれるように、一九二九年の凱旋門賞馬オルテロと三三年の凱旋門賞馬クラポムはイタリア産馬だった。

このようなレオナルド・ダ・ヴィンチかミケランジェロかのような天才馬の出現が頂点に達する時がきた。一九三五年、マジョーレ湖畔《こはん》にあるドルメロ牧場でネアルコとよばれる馬が誕生する。馬格は非の打ちどころがないほど均整がとれていたという。生産者フェデリコ・テシオはアルプス以南の地で世界に通用する馬をつくることはできないという常識に挑戦したのである。父ファロスはダービー卿の所有馬で、英仏で種牡馬ランキング首位になるほどだった。母ノガラはイタリアの千ギニーと二千ギニーを制して繁殖に入り、ネアルコを産んだのである。

ネアルコの能力は二歳時から傑出していた。二歳馬の最強馬決定戦グランクリテリウムをふくむ七戦に出て全勝した。一九三八年の三歳時には、イタリアの二千ギニーを6馬身差、イタリアダービーも大差で圧勝し、さらに古馬をふくむイタリア最高峰レースであるミラノ大賞典も3馬身差の快勝だった。これまでの成績は一三戦全勝である。

ミラノ大賞典から七日後、ネアルコは敢然と国境を越えてパリ大賞典に出走する。当時のパリ大賞典は凱旋門賞よりも賞金が高く、ヨーロッパ最大のレースと見なされていた。このレースのためにテシオはネアルコにとてつもない試走をさせたという。パリ大賞典と同距離三〇〇〇メートルを僚馬と走らせ、途中でイタリア一の快速馬と合流させるという過酷な試走だった。だが、ネアルコはこの快速馬にもあっさり先着してしまったという。テシオの期

図16　ネアルコ

待はふくらんでいたにちがいない。

この年のパリ大賞典には、英ダービー馬、仏ダービー1着、2着馬、仏牝馬二冠馬などが出走して華やかだった。貴賓席には大統領や大臣たち、さらには各国大使も臨席して、いやがうえにも盛り上がっていた。この大一番で、ネアルコは堂々たる一番人気であった。

ネアルコは好位につけて走り、直線になって生涯で初めて鞭を一発打たれると、弾けるように抜け出し、1馬身半差で快勝した。イタリア馬のパリ大賞典初制覇はもちろんのこと、生涯一四戦全勝で幕を下ろした。レース後四日目、ネアルコはイギリス人に売却された。価格六万ポンドは当時の世界新記録であったという。種牡馬としてのネアルコの成功は、もはや語るまでもない。同馬が二十二歳で死亡したとき、産駒の子孫が八〇頭以上も世界各地で種牡馬として活躍していた。今日の競走馬の父系をたどるとき、ネアルコに行きつかない馬をたどるのは稀なほどである。まさしく競馬後進国イタリアが生んだ奇跡であった。

馬を愛するドイツ人は、フランスから競走馬を輸入することで、質の高い競馬を運営していた。しかし、ハンブルク、ケルン、バーデンバーデンなどで国際レースをもよおしながらも、最高級の競走馬を出すにはいたっていなかった。第二次大戦中も大レースの競馬は行われていたが、すぐれた牧場の所有者がユダヤ人であったために、ヒトラー親衛隊は牧場を接収してしまったという。戦後、牧場は取り戻されたが、生産が回復するまでにはまだ年月を要するのだった。

二十世紀の代表的イギリス馬

二十世紀前半をふりかえったところで、ほぼ戦後にあたる後半をふくむ二十世紀全般に目をむけてみよう。ここで、参考のために、イギリスの競馬新聞『レーシングポスト』に掲載された「二十世紀のイギリス馬一〇〇頭」(アイルランド馬を含む)のランキングを表にしたものをあげておく(一五六―一五七頁)。

年代の隔たった競走馬の能力を比べるというのは、正確には無理なことである。同世代とその前後の世代なら一緒に走ることがあるから、歴然とした差異が出てくる。だが、能力の高い競走馬は繁殖を考慮して早めに引退しがちだから、三年の差があれば、めったに同じレースを走ることはない。

それでも比べてみたくなるのが人情というもの。知恵をしぼって多様な工夫をこらし、ランキングをつけてみる。その結果が表になっている。

ここで、上位一〇頭について、年代順にとりあげてみよう。二十世紀前半の枠内では五頭があげられる。第一次大戦前では、五位のベイヤード（一九〇六年生まれ）がいる。生涯二五戦二二勝の名馬である。両大戦間には、二位のハイペリオン（一九三〇年生まれ）がおり、二冠をとった三歳時の強さが特筆される。九位のウィンザーラッド（一九三一年生まれ）はダービーとセントレジャーの二冠馬であり、後者のレコードタイムは八〇年間も破られなかった。第二次大戦直後には三位のテューダーミンストレル（一九四四年生まれ）がおり、最適のマイルレースにおける強さは別格であった。一〇戦八勝だが、マイル競走だけを走っていれば無敗のままだったと言われる。一〇位のアバーナント（一九四六年生まれ）は一マイルすら最後まで耐えることができなかったが、驚くべきスピードをみせた芦毛の快速馬であり、一七戦一四勝であった。

二十世紀後半に目をむけると、一九五〇年代を中心にして、ほぼ二〇年間にわたるイギリ

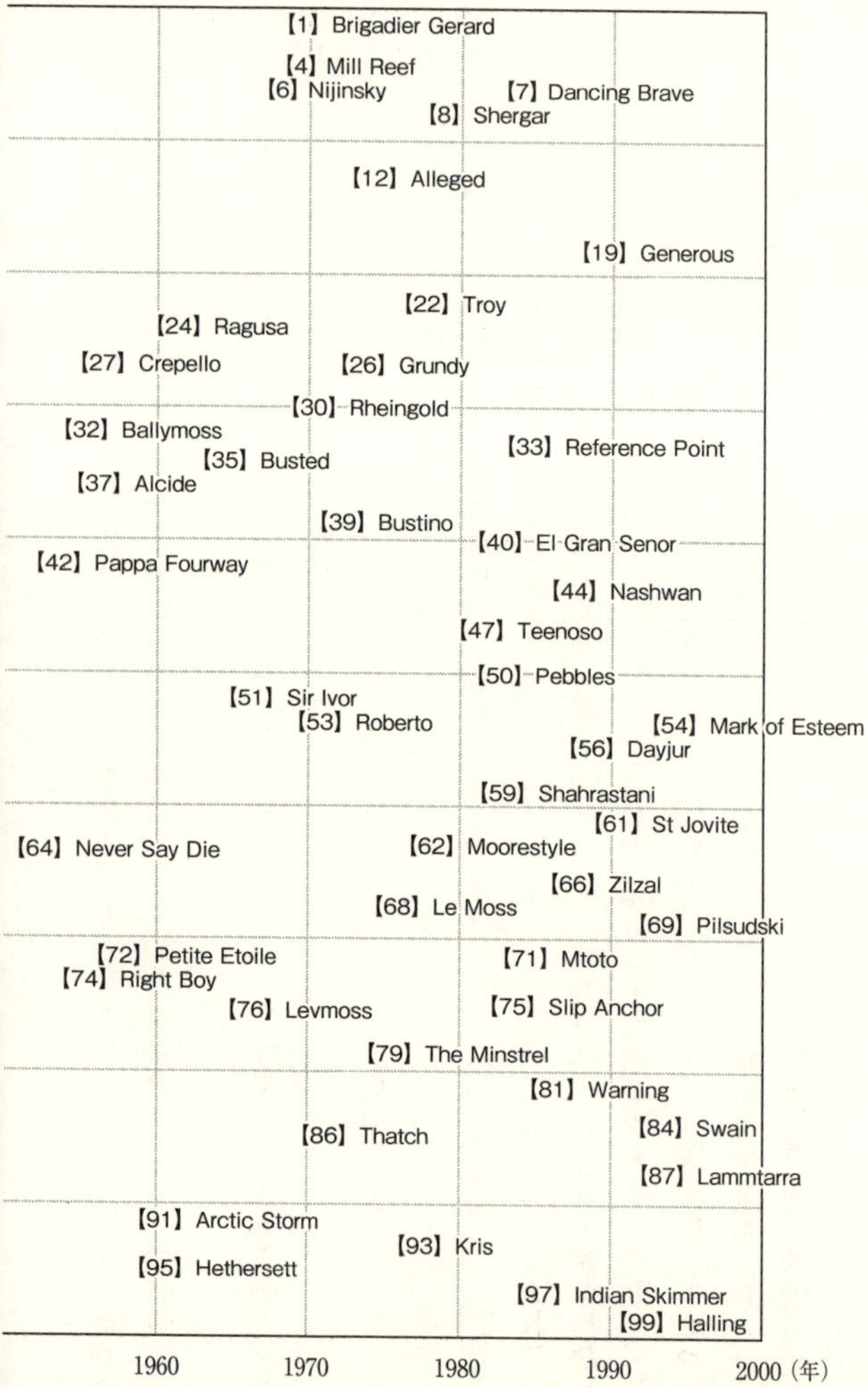
【1】 Brigadier Gerard
【4】 Mill Reef
【6】 Nijinsky
【7】 Dancing Brave
【8】 Shergar
【12】 Alleged
【19】 Generous
【22】 Troy
【24】 Ragusa
【27】 Crepello
【26】 Grundy
【30】 Rheingold
【32】 Ballymoss
【33】 Reference Point
【35】 Busted
【37】 Alcide
【39】 Bustino
【40】 El Gran Senor
【42】 Pappa Fourway
【44】 Nashwan
【47】 Teenoso
【50】 Pebbles
【51】 Sir Ivor
【53】 Roberto
【54】 Mark of Esteem
【56】 Dayjur
【59】 Shahrastani
【61】 St Jovite
【64】 Never Say Die
【62】 Moorestyle
【66】 Zilzal
【68】 Le Moss
【69】 Pilsudski
【72】 Petite Etoile
【71】 Mtoto
【74】 Right Boy
【76】 Levmoss
【75】 Slip Anchor
【79】 The Minstrel
【81】 Warning
【84】 Swain
【86】 Thatch
【87】 Lammtarra
【91】 Arctic Storm
【93】 Kris
【95】 Hethersett
【97】 Indian Skimmer
【99】 Halling
1960
1970
1980
1990
2000（年）

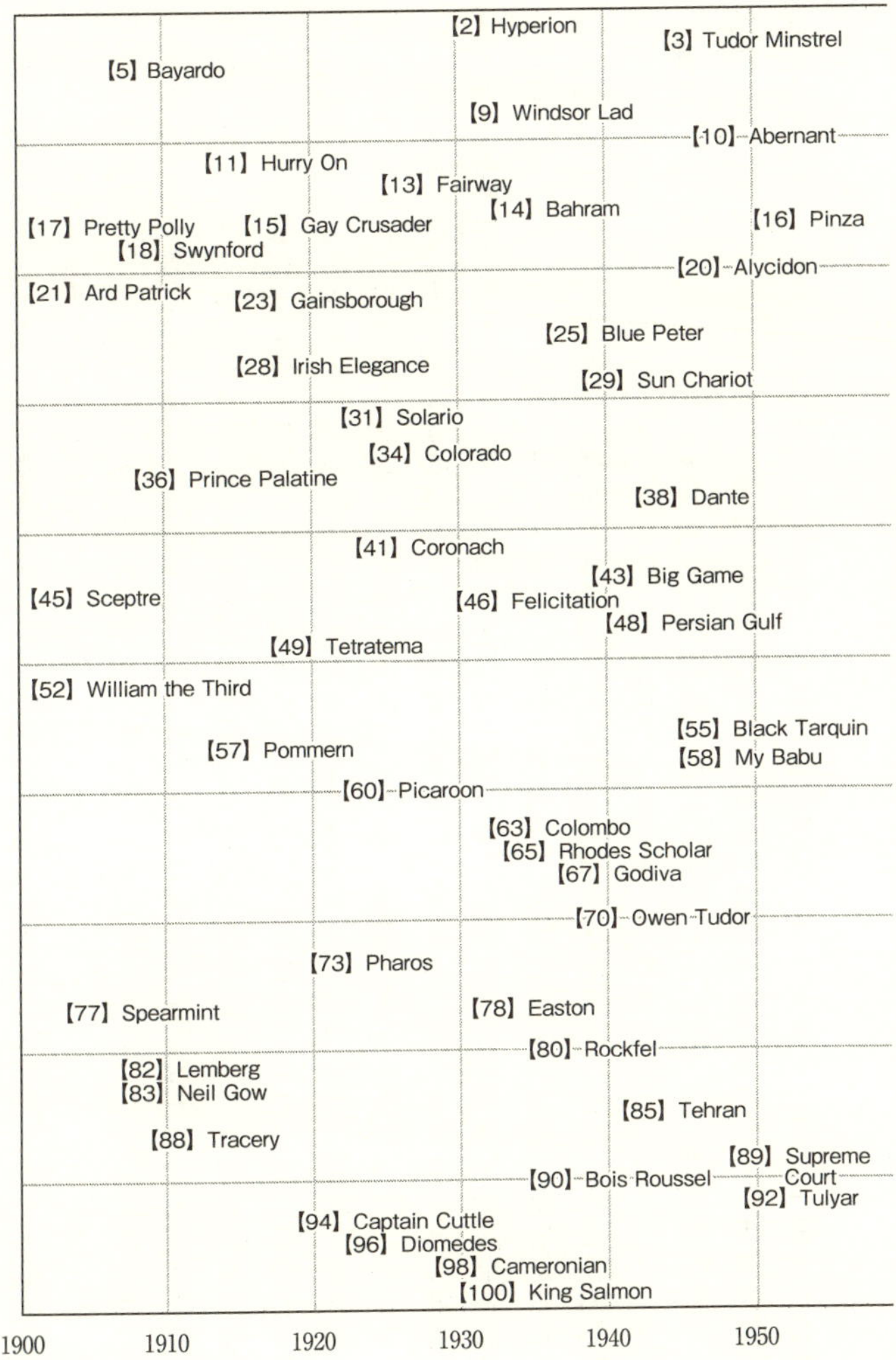
【2】Hyperion
【3】Tudor Minstrel
【5】Bayardo
【9】Windsor Lad
【10】Abernant
【11】Hurry On
【13】Fairway
【14】Bahram
【16】Pinza
【17】Pretty Polly
【15】Gay Crusader
【18】Swynford
【20】Alycidon
【21】Ard Patrick
【23】Gainsborough
【25】Blue Peter
【28】Irish Elegance
【29】Sun Chariot
【31】Solario
【34】Colorado
【36】Prince Palatine
【38】Dante
【41】Coronach
【43】Big Game
【45】Sceptre
【46】Felicitation
【48】Persian Gulf
【49】Tetratema
【52】William the Third
【55】Black Tarquin
【57】Pommern
【58】My Babu
【60】Picaroon
【63】Colombo
【65】Rhodes Scholar
【67】Godiva
【70】Owen Tudor
【73】Pharos
【77】Spearmint
【78】Easton
【80】Rockfel
【82】Lemberg
【83】Neil Gow
【85】Tehran
【88】Tracery
【89】Supreme Court
【90】Bois Roussel
【92】Tulyar
【94】Captain Cuttle
【96】Diomedes
【98】Cameronian
【100】King Salmon
1900
1910
1920
1930
1940
1950

ス馬の低調が顕著である。大戦終結後、競馬が歓呼に迎えられて再開されたが、外国産馬および外国調教馬が勢いを強めることになる。

すでに戦前にも、フランス馬、イタリア馬、アメリカ産馬がイギリスの大レースを勝つことがあったが、戦後のイギリス馬の落ち込みはきわだっていた。一九四五年から五四年の一〇年間について言うと、クラシック競走の全一〇〇レースのうち三〇レースを外国馬が制したのである。競馬の本流を自負するイギリスにとって由々しき出来事であった。このようなことは前例がなかったし、古馬をもふくむ大レースであるエクリプスステークス、チャンピオンステークス、アスコットゴールドカップについても、事態は変わらなかった。

大戦中にはいずれも競馬が制限されていたとはいえ、イギリスに比べてフランスの競馬はそれほど縮小されなかった。驚くべきことに、占領下および親ドイツのヴィシー政権下にあっても、フランス全土の競馬は、入場者、収益、馬券売り上げのいずれでも、落ち込むことはなかったという。しかも、戦前から活動していたマルセル・ブサックをはじめとする馬主兼生産者のさらなる努力が実って、フランス産馬の質が向上したのである。

また、このころイギリスではサラブレッド純血種への思い入れが強く、「半血種の馬」が排除され『ジェネラル・スタッドブック』に登録されないのだった。このような事態が四半世紀もつづいていたのだ。当時のフランスが誇る名種牡馬トウルビヨンとその子孫すらも登録されなかったほどだった。

このような非登録馬となる経済上の不利益を恐れる生産者はフランス産馬やアメリカ産馬を活用しようとしなかった。そこで早熟でスピードのある馬をつくることだけに心がけていたという。大レースは中距離と長距離が中心であったので、イギリス馬が活躍する舞台はかぎられていたという。

それとともに、中距離レースに対する注目が高まっていることは見過ごせない。とりわけ、一九五一年には一マイル半（約二四〇〇メートル）の通称キングジョージ（キングジョージ六世&クイーンエリザベスステークス）がアスコット競馬に創設され、最高の名誉となっていくのである。

大種牡馬ノーザンダンサー

ところで、先の二十世紀イギリス馬一〇〇選に従って傑出馬に注目すると、一九五〇年代と六〇年代前半には、二七位のクレペロ（一九五四年生まれ）、三二位のバリモス（一九五四年生まれ）、三七位のアルサイド（一九五五年生まれ）、二四位のラグーザ（一九六〇年生まれ）、三五位のバステッド（一九六三年生まれ）等があげられる。これらの傑出馬は、クラシック競走、エクリプスステークス、キングジョージ、凱旋門賞などのいずれかを制しているが、

図17　ニジンスキーとピゴット騎手

二十世紀全般の流れのなかでは、二〇位以下の評価しか与えられていない。
おそらく、この期間における最強馬は、一九五六年のキングジョージ優勝馬リボーか六五年のダービー馬シーバードであろうが、リボーはイタリア馬であり、シーバードはフランス馬であるから、ランキングには出ていない。ここにも、五〇年代、六〇年代におけるイギリス馬の低調ぶりが反映されているのである。しかし、七〇年代近くになると、事態が一転し、ふたたびイギリス馬の活躍が目立ってくる。
第六位のニジンスキー（一九六七年生まれ）は一九七〇年の三冠を制し、目下のところイギリス最後の三冠馬である。

愛ダービーとキングジョージをも制し、三冠最後のセントレジャーに勝って三週間後の凱旋門賞にのぞんだが、頭差でササフラの2着に降《くだ》り涙をのんだ。この事実は中距離重視の傾向にあるヨーロッパの競馬界にあって、長距離のセントレジャーを回避して凱旋門賞をめざすという傾向にますます拍車をかけたと言われている。同馬は種牡馬としても大成功をおさめ、産駒のなかに、日本でも八戦全勝の快速馬マルゼンスキーがいたことはよく知られている。

翌年の世代には二十世紀を代表する名馬二頭が登場した。第一位のブリガディアジェラード（一九六八年生まれ）と第四位のミルリーフ（一九六八年生まれ）である。

ブリガディアジェラードはイギリスのみならずヨーロッパにおける二十世紀最高のマイラーである。二歳時には傑出したミルリーフとマイスワローがいたために三番手の評価だった。だが、マイルクラシックの二千ギニーは人気馬二頭を斥け3馬身差をつけて圧勝。その後、マイル路線の大レースを連勝して、さらには中距離のチャンピオンステークス、エクリプスステークスばかりか、距離の限界をこえると見なされていたキングジョージまで掌中におさめた。ここまで六ハロン（約一二〇〇メートル）から一マイル半までの距離で一五戦無敗だった。その後、夏のヨーク競馬場のレースで生涯最初にして唯一の敗北を喫している。生涯一八戦一七勝、2着一回であり、最後のレースとなったチャンピオンステークス（二度目）のゴールが近づくと歓声が湧きあがり、その歓迎場面は感動的であったという。

ミルリーフは生涯一四戦一二勝で2着二回である。二歳時の敗戦が初めてのフランスへの空輸後でマイスワローの鼻差2着。それはともかく、三歳時のマイルの二千ギニーでの「世紀の名マイラー」ブリガディアジェラードの3馬身差完敗が唯一の土といっていいだろう。だが、ミルリーフは勝ったときの着差がきわだっていた。一二勝の合計着差が56馬身と首である。一九七一年の英ダービー、キングジョージ、凱旋門賞のヨーロッパ三大レースを制した最初の馬であり、そのときの着差がそれぞれ2馬身、6馬身、3馬身であるから、強さが歴然としていた。

ミルリーフの父系をたどると、ネヴァーベンド（一九六〇年生まれ）からナスルーラ（一九四〇年生まれ）を経てネアルコ（一九三五年生まれ）にたどりつく。アメリカ産馬だったが、ケンブリッジ大学でも学んだことのある大富豪の生産者兼馬主ポール・メロンは深い芝のヨーロッパで走らせることにしたという。同馬自身が種牡馬としても大成功をおさめたのだから、アメリカ人メロンの大英断だったことになる。

現実に、このころを境に、北米産の血統がイギリスでも優勢になっている。とりわけ、一九六四年のケンタッキーダービーとプリークネスステークスの二冠馬ノーザンダンサーは特筆される。カナダ産の同馬は、すでにニジンスキーの父馬であったが、相次いで産駒が競走実績をあげ、やがてそれらが種牡馬としても瞠目すべき成果をみせたのである。

図18　クールモア牧場

一九七七年の英愛ダービーおよびキングジョージの勝ち馬ザミンストレル、八四年の二千ギニーと愛ダービーを制したエルグランセニョールはもちろんのこと、同年のエクリプスステークスと愛チャンピオンステークスの覇者サドラーズウェルズはノーザンダンサー系統の名を不朽のものにした。アイルランドのクールモア牧場で種牡馬となり、二十世紀末には毎年のごとく種牡馬ランキング首位に輝いている。代表産駒の一頭モンジューが一九九九年の凱旋門賞で逃げ切りをはかる日本調教馬エルコンドルパサーを差し切ったことは、少なからぬ日本人の記憶に刻まれているはずだ。ノーザンダンサーは父ニアークティック（一九五四年生まれ）を経てその父ネアルコに連なるから、ここでも二十世紀の主流としてのネアルコが浮かびあがる。

アイルランドとフランスの活況

二十世紀のイギリス馬ランキングの話題に戻ると、第八位のシャーガーは一九八一年の英愛ダービーおよびキングジョージの勝ち馬である。とりわけ、前哨戦の重賞二戦を大差勝ちして出走した、起伏のあるエプソム競馬場のダービーの10馬身差勝ちは新記録であった。しかし、三世の孫であるアガ・カーン四世が馬主であったことが災いしてか、シャーガーは悲劇に巻きこまれる。身代金目当てのＩＲＡ（アイルランド共和軍）の手で、強奪され射殺されてしまったらしい。

第七位は一九八六年のヨーロッパ最強馬ダンシングブレーヴであり、ノーザンダンサー産駒リファールが世に送った優駿である。ほとんど最後方から大外に出て一気に差し切った凱旋門賞は、もはや歴史に刻まれた快挙である。

それ以降になると、一九八七年の二冠馬レファレンスポイント、八九年の二冠馬ナシュワン、九〇年の牝馬二冠と愛ダービーを制した名牝サルサビル、九一年の英愛ダービーとキングジョージの覇者ジェネラス、九五年のヨーロッパ三大レース（英ダービー、キングジョージ、凱旋門賞）を無敗で制したラムタラなどが注目される。しかし、二十世紀末の十数年間のイギリス馬にはそれほど高い評価は与えられないようである。

第二次大戦後のアイルランド競馬はめざましい活況を見せている。なによりも馬の生産にあって、その恵まれた自然環境のために、数多くの牧場が新設された。アイルランド人ばかりか、イギリス人やアメリカ人が投資に熱心になったのである。一九五一年の英ダービー馬アークティックプリンスがアイルランド生産・調教馬として登場したことは仰天だった。エプソム周辺のイギリス人の間では、配下にあったアイルランド人が反乱をおこしている方がましだ、とつぶやかれたという。

調教部門にあってもヴィンセント・オブライエンなどが腕をふるいはじめている。それはとりわけイギリスの競馬界には衝撃であった。同調教師の馬が一九八二年までに五頭も英ダービーを制しているのだ。とくに七〇年のニジンスキーはイギリスの三冠馬となるばかりか、愛ダービー、キングジョージまで制した。また、イギリスの二歳馬レースを中心に活躍馬を送り出したパディ・プレンダガスト調教師は一九六三年から三年間、イギリスの調教師ランキング首位の座についている。もはやアイルランド調教馬の勢いを止めることはできないのである。

その一例として、一九七七、七八年の凱旋門賞を連覇したレスター・ピゴット騎乗のアレッジドがいる。同馬はアメリカ産であるが、ヴィンセント・オブライエンの管理下のアイルランド調教馬であった。

さらに、一九六二年以来、カラ競馬場の愛ダービーは、英ダービーを凌ぐほどに賞金を増額させ、海外からも多大の関心を集めた。六月末に開催されるために、英ダービーや仏ダービーの上位馬が出走することができるのだ。このために、英愛ダービー馬、仏愛ダービー馬となる馬も多く、二十世紀末の評価では、愛ダービーの優勝馬がヨーロッパ最強の三歳馬と見なされる年も少なくない。それとともに、アイルランドのクラシック競走は関心を集めており、ニューマーケットやシャンティイの熱い視線にさらされている。

第二次大戦の占領下でもそれほど落ち込みを見せなかったフランス競馬は、戦後の立ち直りも早かった。生産者兼馬主のマルセル・ブサックの勢いは止まらず、戦後の一〇年間、同氏の馬はフランス国内でも外地イギリスでも活躍した。アガ・カーン三世は息子とともにすべての牧場施設をフランスに移すほどだった。さらにこのころから「国際間異系交配」とも言える方策を打ち出す生産者が現れている。とりわけ、アメリカからダンキューピット（一九五六年生まれ）を輸入したことが注目される。やがて、その試行はシーバードの誕生として実を結ぶことになる。

シーバードは一九六五年の英ダービーを制し、二十世紀最高の英ダービー馬という呼び声もある。さらに、秋の凱旋門賞は、各国から最強馬が出そろって、例年以上の高水準のレースが期待された。とりわけ、仏ダービー馬リライアンスが強敵と見なされ、アメリカから二冠馬トムロルフ（この日初めて芝コースを走る）も果敢に挑戦しており、さらにソ連からも史上最強馬といわれたアニリンも参戦し、凱旋門賞が世界最高峰であることをことさら印象づけていた。

レースは直線にさしかかるころ先行集団から抜け出してきたシーバードにリライアンスが追いあげてきた。二強対決かと観客に思わせたが、それもつかの間だった。シーバードは解き放たれると大外によれながらも強敵を引き離し6馬身差の圧勝。「その光景はこの世のものとは思えないものだった」とは翌日の新聞の観戦評である。

しかしながら、一九七〇年ごろからフランスの競走馬の水準が下がったかの印象は否めない。それでも、例外として、二頭の牝馬がいる。

一九七四年の凱旋門賞馬アレフランスはシーバード産駒の最高傑作として活躍し、前年にはフランス三歳牝馬の三冠に輝いている。

さらにまた、牝馬ミエスクは、一九八六年のダンシングブレーヴの凱旋門賞当日に行われた二歳牝馬のマルセル・ブサック賞を快勝したのち、二十世紀の最強マイラーとしての名声を高める。英仏千ギニーを制覇し、ジャック・ル・マロワ賞の連覇、アメリカのブリーダーズカップマイルを連覇した。名伯楽《めいはくらく》フランソワ・ブータンの手で調教されており、ブリガディアジェラードに匹敵する最強マイラーの呼び声もあるほどだ。

しかし、二十世紀末には、一時の低迷を脱して、フランス馬の勢いが目立つようになった。凱旋門賞馬についてあげれば、一九九一年の仏ダービー馬スワーヴダンサーの快勝、九七年の仏ダービー馬パントレセレブル*の圧勝、九九年の仏愛ダービー馬モンジューの強さは特筆ものである。この年、重馬場のなか逃げ切りをはかる日本の古馬エルコンドルパサーが同馬に差し切られたことは記憶に新しい。

十八世紀のエクリプス、十九世紀のセントサイモンに匹敵する影響力をもったのが二十世紀のネアルコである。そのネアルコを生みだしたイタリアのフェデリコ・テシオは戦後にもリボーを生産している。みすぼらしい馬体だったのでクラシック競走にも登録されなかったが、生涯成績一六戦全勝。そのなかには、一九五五年の三歳時でロンシャンの凱旋門賞を制し、翌年にはアスコットのキングジョージ制覇とさらには凱旋門賞連覇があるのだから、凄みがある。不運にもテシオはリボーが初出走する前に逝去していた。だが、彼の生産者としての神がかりの才能はマジョーレ湖畔の牧場のある生産地にちなんで「ドルメロの魔術師」と讃えられている。

その後の競馬界を見ても、イタリアのサラブレッドは、ときに一流馬がいるにしても、常に世界基準にあるとは言い難い。だが、ネアルコとリボーは競走馬としてのみならず種牡馬としても計り知れない成功をおさめたのである。天才レオナルドやミケランジェロを輩出したイタリアの潜在力は、サラブレッドの馬産の世界でもときに想像を超えたところがある。

上記二頭をのぞけば、日本の競馬ファンにはおなじみのトニービンが一九八八年の凱旋門賞を制覇したことが目立っている。

ドイツでは第二次大戦中も、占領下になかったせいか、競馬は廃れなかったという。フランスから連れてきたサラブレッドがいたので、むしろ競走馬の能力は高かっただろう。戦後におけるドイツの東西分割があったために、ドイツの馬産と競馬はしばらく低迷気味だった。しかし、一九六〇年代になると、競馬先進国イギリスやフランスの大レースに挑戦する馬も出ている。さらに、七〇年代になって、やっとドイツの競馬は競馬主要国の基準にかろうじて達したのである。

第8章　繁栄する合衆国の英雄たち

——二十世紀のアメリカ競馬

アメリカ競馬、冬の時代

十九世紀末のアメリカでは、ブックメーカーの数が増えつづけ、売り上げは巨額であったという。それぞれ州ごとの競馬であり、中央統制機関がないのだから、不公正な運営がまかり通っていた。調教師や騎手のなかには公正さについての自覚のない者も少なくなかった。しかも、競馬場の数は増えるばかりか、開催日も増加気味であり、競馬そのものが供給過剰になっていた。イリノイ州のある競馬場では、一年に三六四日も開催したという驚くべき記録がある。取り締まりという口実で警察も手をのばすし、さらなる不正を生み出す温床にもなりやすかった。これらの魔の手の介入をまぬがれるほど富裕な競馬場は少なく、あるいは尊敬すべき公正さを身につけた影響力のある人物もおいそれとはいなかった。

その結末は当然だったかもしれない。競馬を禁止しようとする動きが胎動し、その波はミズーリ州とイリノイ州からはじまり、他の州をも巻きこんでいく。ニューヨーク州では、一九〇八年から賭け事が非合法になっている。同年には、アメリカ全土の競馬場の数が激減した。十九世紀末には三〇〇を超える競馬場があったのに、なんとわずか二五の競馬場があるにすぎなかった。ニューヨーク州では一九一一、一二の両年には、競馬が開催されないという有様だった。

とはいえ、ケンタッキー州とメリーランド州ではあいかわらず競馬は注目され、カナダでも競馬から得られる利益は大きかった。しかし、ケンタッキーを中心とする馬産界は絶望的な打撃を被っていた。生産馬の数千頭が、カナダ、オーストラリア、ニュージーランド、ラテンアメリカ、ヨーロッパの各地に輸出されたのである。それとともに、調教師も騎手も、ヨーロッパに拠点をかまえる者も多く、馬主も所有馬の多くをヨーロッパに移動させる者も少なくなかった。

まさしくアメリカ競馬の冬の時代であったが、騎手の世界では注目すべき動きがめばえていた。足が短く「ひきがえる」というあだ名のあるトド・スローン騎手は、新しい騎乗法で目をみはるものがあった。イギリスの騎手は身体をまっすぐに膝《ひざ》もかなりまっすぐにして座り、手綱を長く持って騎乗する。これに比べて、スローン騎手は鞍を前に押し出し、鐙と手綱の両方を短くして、膝を曲げ、馬の首筋にそって身をかがめて騎乗する。「木の小枝にまたがったサル」のような騎乗スタイルは笑いものだったが、効果は絶大だった。いわゆる「モンキー乗り」は風の抵抗を小さくし、馬にかかる騎手の体重を分散させるので、数ポンドの負荷軽減になるのだ。まさしく騎乗法の革命であり、スローン騎手は圧倒的な成功をおさめ、この騎乗術は世界中で採用されるようになっていく。

しかし、アメリカ競馬は不公正にあふれていたから、正常な形に復帰しなければならなかった。マット・ウィンは貧しい少年だったが、ケンタッキー州のチャーチルダウンズ競馬場の管理にあたるようになった。二十世紀初めに競馬の危機を感じていた人々と集い、ウィンはアメリカン・ターフ協会を設立し、ほかの協会と対立競合をくりかえすなかで、ケンタッキー州当局は法律上の権限にもとづいて競馬の運営にあたった。こうして生まれたケンタッキー州競走管理委員会は事実上の統轄団体としての役割を果たすようになる。それが模範の前例となり、競馬開催を求めるすべての州がその前例に追随するようになった。このようにして公正な競馬への道のりが出てきたのである。

賭け事については、恣意《しい》的にオッズ（賭け率）を設定できるブックメーカーは禁止され、オッズ自動制御のパリミュチュエル式の馬券が合法となるのだった。ベルモント競馬場は一九一三年に再開され、同年、サラトガ競馬場も再開された。翌年にはシカゴでも競馬が再開され、全国で競馬が人々の熱い視線をあびるようになったが、かつての競馬場の多くは姿を消していた。

国民的英雄マンノウォー

第一次大戦は、戦場にならなかったアメリカには、ほとんど影響しなかった。名だたる競馬場は開催されており、主要レースにもとどこおりはなかった。当時のアメリカでは、ケンタッキー州、メリーランド州、ニューヨーク州の競馬が三歳馬にとってもっとも重要なレースであると考えられていたという。

大戦が終結した一九一八年の翌年、サーバートンという強い三歳馬が出て、一三戦八勝の実績を残した。そのなかに、ケンタッキーダービー、プリークネスステークス、ベルモントステークスがあり、同馬はアメリカ競馬史上初めてこの三レースに優勝した競走馬として注目されるようになった。それが、のちには三冠レースの組み合わせとして意識されるようになり、サーバートンはアメリカ三冠馬の初代たる地位を確固たるものにした。

同年、二歳戦に一〇戦九勝したマンノウォーという傑出馬が出た。唯一の2着敗戦が、大きく出遅れて大外から驚異的な追い込みをみせたが半馬身およばなかったものだ。

マンノウォーは赤栗毛ともよべるめずらしい毛色をしており、周りからビッグレッドの愛称で親しまれるようになった。成長してからは体高一六八センチ、体重五二〇キロもあり、ビッグにふさわしい堂々たる体軀であった。

マンノウォーの快進撃は三歳になってもつづく。登録しなかったケンタッキーダービーは別として、プリークネスステークスの快勝、ベルモントステークスでは20馬身差で圧勝した。その後、同年のケンタッキーダービー馬ポールジョーンズをも負担重量が大きかったにもかかわらず軽く一蹴してしまう。最後のレースとなったのが、カナダで行われた賞金八万ドル

図19　マンノウォー

の特別マッチ競走だった。相手は前年の三冠馬サーバートンであったが、7馬身差のコースレコードで圧勝している。三歳馬として一一戦全勝、生涯二一戦二〇勝、レコード勝ち七回という桁違《けたちが》いのものだった。

競走馬として英雄となり、翌年からケンタッキーの牧場で種牡馬生活に入ったが、種付け牝馬の数は年間二五頭にかぎられていた。それでも一度だけアメリカの種牡馬ランキング首位になっている。配合牝馬をもっと広げていたら、さらに多くの馬が活躍していたにちがいない。

第二次大戦後の一九四七年、マンノウォーは三十歳でこの世を去った。年間五万人もの人々がこの伝説の名馬の牧場を訪ねていたという。同馬の死の二日後、『ニューヨーク・タイムズ』は社説の掲載面に感傷的な弔文を載せ、しかも葬礼の模様はラジオで中継されるほどだった。まさしくアメリカの英雄であった。

一九二九年のウォール街の株暴落にはじまる大恐慌にいたるまで、二〇年代のアメリカはスポーツ全般の黄金時代であった。競馬も例外ではなく、ブームを迎えていた。しかも、この大恐慌は不思議なことに競馬に大きな影響をおよぼしたわけではない。むしろ、不景気が競馬のにぎわいを刺激したところがある。ほかの財源が収入減に合わせて痩せ細っていくのに比べて、国家財政にとって徴収しやすい財源として注目されたのだ。払戻し金の一部からの徴収は、痛みをともなわぬ、納税能力のある者からの徴収だったからである。

二〇年代の半ばに、競走場の生産者たちは配合の組み合わせからフランス産のサラブレッドがよい種牡馬になると気づくようになったという。その一頭として輸入したサーギャラハドの初年度産駒であるギャラントフォックスは、一九三〇年、アメリカ競馬史上二頭目の三冠馬になった。さらに世界に冠たる賞金取得馬としても知られている。

しかも、種牡馬となったギャラントフォックスの産駒から、オマハが出て、一九三五年の三冠馬になった。これは親子二代にわたり三冠馬になった最初の例である。

一九三〇年代は、大恐慌のあおりで、賞金額と競走馬のせり価格は、低下気味だった。だが、財政の厳しい州では、馬券の収益を財源として重んじたために、競馬は苦境に陥ることがなかった。中西部、南部、西部をふくむ全国各地で、ギャンブル付きの競馬を禁止する軛《くびき》から抜け出すようになる。とくに、カリフォルニア州での再興はめざましく、ロサンゼルスにはサンタアニタ競馬場が開設され、たちまち盛況になった。とりわけ、カリフォルニア州の高額賞金は注目を集めている。ニューヨーク州やサンフランシスコ州の競馬場と並んで、全土の競走馬を引き寄せ、大衆の気を引くところとなった。

種牡馬としても大成功をおさめたマンノウォーの最高傑作と言えば、誰でもウォーアドミラルをあげるだろう。一九三七年の三冠馬であり、個性豊かな馬だったらしい。赤栗毛の巨漢であった父馬と異なり、小さな黒鹿毛の牡馬だった。

同年、三冠をふくむ高額賞金のレースを制覇しておきながら、ウォーアドミラルは、年間最多賞金獲得額の馬になれなかった。というのも、一歳年上の牡馬シービスケットがおり、同年に一五戦一一勝していたからである。同馬の父ハードタックはマンノウォー産駒であったから、父系を見ればシービスケットとウォーアドミラルは同系であった。アメリカ全土で両馬のどちらがすぐれているかという議論が沸騰したという。数か月の交渉の末、翌年秋、五歳馬と四歳馬の同一重量負担のマッチレースがピムリコ競馬場で実現した。結果は、シービスケットが1馬身差で勝っている。

第二次大戦中も競馬の人気は衰えなかった。一九四三年には、三冠馬カウントフリートが出ている。ケンタッキーダービーを3馬身差の快勝、プリークネスステークスを8馬身差の楽勝、最後のベルモントステークスではなんと25馬身の大差の圧勝だった。このレースで走行中に打撲傷を負い引退してしまう。それがなかったならば、マンノウォーの再来を思わせたにちがいない。

「最強世代」との呼び声

戦後になると、建築資材に恵まれるようになり、アメリカ全土で拡充した新しい施設がみられるようになる。しかし、一九四七年の夏には、馬の伝染性貧血、いわゆる伝貧《でんぴん》が発生して、パニック状態となっている。二〇頭余りの競走馬が死亡し、感染を疑われた馬の数多くが安楽死の処置をなされた。競走馬をめぐる各種の団体がこの伝染病との戦いに取り組み、やっと克服されたという。

このころには、戦時景気も終わり、競馬事情も不況の波をかぶり、馬券の売り上げが減少していた。だが、競馬の開催日数を増やすことで、なんとか苦境を凌いだらしい。

それにもかかわらず、名馬が相次いで登場している。一九四八年の三冠馬サイテーションは同年の三歳時に二〇戦一九勝2着一回という驚異的な成績を残している。この経歴の段階でマンノウォーと比較されることがあったという。しかし、一九二〇年ごろには四〇〇〇頭ほどしか競走馬が出走していなかったのに、一九四八年ごろには二万頭の競走馬が出走していたのだから、どだい比較には無理がある。それぞれが同時代の偉大な王者であったと言うほかない。

その五年後に登場したネイティヴダンサーもしばしばマンノウォーと比較されている。二歳から四歳まで走って生涯成績二二戦二一勝。唯一の2着敗戦がケンタッキーダービーだったというのは、いかにも皮肉である。種牡馬となり、その直系子孫から数多くのケンタッキーダービー馬を輩出しており、まるで復讐《ふくしゅう》劇を見せつけるかのようである。

一九五五年クラシック世代には、ナシュアとスワップスという傑出馬が登場している。ナスルーラ（父はネアルコ）産駒のナシュアは、プリークネスステークスとベルモントステークスの二冠馬だったが、ケンタッキーダービーではスワップスの2着に涙をのんだ。同年、一二戦一〇勝。カリフォルニア生まれのスワップスは東部のレースには、ケンタッキーダービーとアメリカンダービー（芝）だけに出走し、勝利をおさめている。もちろん西部のレースは全勝だった。

この両馬の力比べについての関心が高まり、夏の終わりにワシントンパークでマッチレースが行われた。スワップスのオッズは一・三倍で本命だった。だが、エディ・アーカロ騎乗のナシュアは終始先行し、ウィリー・シューメーカー騎乗のスワップスが追走したが、追いつけなかった。しかも6馬身半差の圧勝。相手に気をもたせる心理作戦にはまったという見方もあるほどアーカロ騎手の芸術的手腕だった。それは一七年前にウォーアドミラルをシービスケットが降したときの勝利作戦とそっくりだったという。

一九五七年クラシック世代は、史上最強世代と言われることがある。ボールドルーラー、ラウンドテーブル、ギャラントマンの三強がしのぎを削っていたからだ。三冠最初のケンタッキーダービーは、1着アイアンリージ、2着ギャラントマン、3着ラウンドテーブル、4着ボールドルーラーだった。しかも、ギャラントマンに騎乗した名手シューメーカー騎手が先頭に躍り出たとたんゴール地点を間違え、馬を止めてしまい、それに気づいて挽回《ばんかい》しようとしたが、鼻差とどかなかったという痛恨の出来事があった。つづくプリークネスステークスはボールドルーラーが勝利し、最後のベルモントステークスはギャラントマンが8馬身差の圧勝だった。ダービーでのシューメーカー騎手の騎乗ミスがなければ、ギャラントマンが年度代表馬になっていただろう。

だが、年度代表馬は三歳時一六戦一一勝のボールドルーラーだった。同馬は二歳から四歳まで走って、生涯成績三三戦二三勝、四歳時にはベストスプリンターに選ばれている。ラウンドテーブルは四歳時に年度代表馬に選ばれ、二歳から五歳まで走って生涯成績は六六戦四三勝。そのうちレコード勝ち一二回、タイレコード＊四回がある。しかもダート、芝を問わない万能の競走馬であり、晩成型の名馬であった。

一九五七年生まれのケルソは二歳から九歳まで走って通算六三戦三九勝2着一二回という堅実な騸馬《せんば》（去勢された馬）だった。おおよそは二〇〇〇メートル前後のレースに出走していたが、二マイルのジョッキークラブゴールドカップには一九六〇年から六四年にかけて五連勝する偉業をなした。収得賞金額レコードを樹立し、賞金総額は二〇〇万ドルにとどくほどだったというから、当時にすれば破格だった。

二十世紀半ば以降、北米は世界最大のサラブレッド生産地になっている。一九六八年には登録産駒頭数は二万頭を超え、七一年には三万頭に達している。この頭数は一万頭に満たないヨーロッパの頭数をはるかに凌ぐものだった。このような数字の背景には、下級条件の馬が大多数の底辺をなしていることを物語っている。頑丈な馬だけが出走の機会をつかみ、そのなかからもっとも頑強な馬だけが最上級にはいあがってくる。競馬の開催は年間を通じてあり、距離の短いレースがどこでも似かよった平坦なダートコースでくりかえされる。容赦のない選択と排除のなかで生き残った馬だけが頂点をきわめるのだ。

北米産血統の隆盛

このような裾野《すその》の広がりがあるせいで、北米は最良の種牡馬を生み出すことになる。ネアルコ産駒のナスルーラはすでにイギリスで種牡馬ランキング首位になっていたが、アメリカに輸入され、ここで五回もランキング首位に輝いている。その代表産駒が前述したボールドルーラーであった。また、同じネアルコ産駒のニアークティックは受胎時の母馬とともにカナダの大富豪エドワード・テイラーの手で輸入されている。同馬は一九五八年の四歳時にカナダの年度代表馬になり、生涯通算四七戦二一勝だった。

　ニアークティックはやがて種牡馬となり、その産駒からノーザンダンサーが世に出る。遅生まれでひ弱そうな小柄の若馬だったせいで、ノーザンダンサーは買い手がつかず、生産者テイラーの主取《ぬしと》り（生産者が値段をつけて引き取ること）となったという。成長しても体高一五七センチしかなかったというから、巨漢馬マンノウォーなどに比べれば一〇センチ以上も小さかったことになる。小さな馬体から想像できない大きな完歩をくりだし、地を這《は》うように沈む砲弾のように疾駆する。

　二歳時には、カナダで七戦五勝2着二回し、その後アメリカで二戦二勝した。一九六四年の三歳時になるとアメリカに活躍の舞台を移し、ケンタッキーダービーを制してカナダ産馬初の栄誉に輝いている。このとき2着になったヒルライズには名手シューメーカーが騎乗していた。彼はノーザンダンサーに乗ってフロリダダービーを勝ち、ケンタッキーダービーでの騎乗を約束していたが、二日後に約束を覆してしまったという。本番ではノーザンダンサーを追い上げたものの、首差届かず涙を飲んだ。本書では同騎手の失敗談ばかりを書き連ね

図20　ノーザンダンサー

ているが、名手だからこそである。

二冠目のプリークネスステークスも快勝したが、三冠目のベルモントステークスでは3着に敗退した。カナダに帰国して、クインズプレート（加ダービー）を7馬身半差で圧勝している。その後、調教中に故障し、通算一八戦一四勝で引退した。この年、日本では東京オリンピックが開催され、シンザンが史上二頭目の三冠馬になった。

種牡馬となったノーザンダンサーの産駒には、ニジンスキー、ザミンストレル、サドラーズウェルズ、さらに、わが国おなじみのノーザンテーストなどの、名馬や名種牡馬がキラ星のごとく名を連ねている。今日でもノーザンダンサー系の競走馬の影響は計り知れないものがある。

一九六三年生まれのバックパサーは一点の非の打ちどころもない見事な馬格をしていたという。獣医師は「欠点なし」と讃え、画伯は「どこから見ても美しい馬」と絶賛するほどだった。二歳から四歳まで三年間走って通算三一戦二五勝、そのなかには八連勝と一五連勝があった。三歳時の三冠レースに出走しなかったのは右前の裂蹄に苦しんだためである。

バックパサーは典型的な追い込み馬であり、着差はわずかでも勝とうとする意志の強靭《きょうじん》な競走馬であったという。種牡馬シンジケート*では一株一五万ドルで三二株、総額四八〇万ドル（当時の一七億二八〇〇万円）という世界新記録であった。だが、種牡馬として大成功をおさめつつあったとき、十五歳の働き盛りで病死した。

三冠馬続出の七〇年代

一九七〇年代の競馬は名馬あるいは名種牡馬の宝庫のような時代だった。なにしろ、三冠馬が三頭も出たのだから、空前絶後とよんでいいだろう。

七〇年代初頭、日本ではハイセイコーやタケホープが生まれた年、アメリカでは名馬ボールドルーラーの産駒セクレタリアトが生まれている。大型の栗毛馬で「ビッグレッド」ともよばれたが、その名からマンノウォーを思い起こさせるので「ビッグレッド二世」とも言われている。

図21　セクレタリアト

二歳の七月に初出走だったが、4着に敗退した。だが、それ以後、八レースはすべて勝っている（一戦だけ1位入線*も進路妨害で2着に降着*した）。そのなかには8馬身差などの圧勝もあり、勝ち方も派手だった。二歳馬にしてアメリカの年度代表馬に選ばれたのだから、その強烈さがしのばれる。

三歳クラシックの一九七三年、年間一二戦九勝。ケンタッキーダービーは最後方から馬なりで先頭に立ち、2馬身半差の快勝、史上初めて二分を切る走破タイムだった。つづくプリークネスステークスはレース前半で先頭に立つと、そのまま2馬身半差で楽勝した。最後のベルモントステークスは、なんと31馬身差の圧勝であるから、もはや伝説の域にある。エクリプスのひそみにならえば、「1着セクレタリアト、後はなにもない」である。

三歳の後半にはマンノウォーステークスで芝を走ってコースレコードだったというから、まさしく天馬の降臨であった。『タイム』や『ニューズウィーク』のような一般誌の表紙も飾り、競馬ファンのみならず全米のアイドルとなったのである。

一九七七年には、アメリカ史上初の無敗の三冠馬が誕生した。馬主の材木商ミッキー・テイラーは幸運がつづいて資金がたまり、馬を買うようになって三頭目がシアトルスルーだったという。顔が大きくて気品に欠け、選抜一歳のせり市にも出場できないほどだった。二歳時に三戦三勝、最後のシャンパンステークス（GⅠ）は9馬身¾の大差の圧勝だった。

三歳になり、無敗のままのぞんだケンタッキーダービー。スタートでよれて落馬しそうになったが、体勢を立て直し追い上げ、直線にさしかかるころ単騎先頭に立つとそのまま1馬身¾差で逃げ切った。つづくプリークネスステークスでは八万人近い大人気の観衆の見守るなか、途中まで競り合った馬をふり切り、1馬身半差で快勝した。三冠最後のベルモントステークスでは、距離不安をささやかれながらも、あっさり逃げ切って、4馬身差の楽勝だった。ここまで九戦全勝、アメリカ史上一〇頭目の三冠馬に輝いた。だが、それまでの無理がたたったせいか、西海岸に遠征したスワップスステークス（GⅠ）では大差の4着に敗れた。

翌年の四歳時、患った大病を克服して戦線復帰すると、強いシアトルスルーがよみがえった。とりわけ、九月のベルモントのマールボロカップ招待ハンデでは一歳下の当年の三冠馬アファームドと世紀の対決が実現した。シアトルスルーはすぐに先陣を切ると、そのまま逃げ切って、アファームドに3馬身差で快勝した。生涯成績一七戦一四勝で引退、すぐれた種牡馬となった。

アファームドの三冠達成は、三つのレースとも、宿敵アリダーが肉迫していたのだから、このうえなくドラマチックだった。重厚なアリダーに比べて、アファームドは細身に見えたらしい。だが、体高一六六センチ前後、胸囲一八九センチ前後で計測上はほぼ互角だった。均整がとれている馬は小さく見えるという格言どおりだった。

そもそも、二歳時にすでに六回も対戦しているのだから、宿敵にぶっつけようとする両陣営の闘争心がすさまじい。アファームド四勝、アリダー二勝。だが、アファームドが勝ったときは、初戦をのぞきアリダーが鼻差、首差などで肉迫しているが、アリダーが勝ったときは、3馬身半差、1馬身¼差と開いている。

クラシック競走の三歳時。三冠以前には両馬は別路線を走って、ともに四戦全勝だった。いよいよ迎えたケンタッキーダービーだったが、1馬身半差でアファームドが勝った。つづくプリークネスステークスは首差で決着するほど両雄の力には迫りくるものがあった。最後のベルモントステークスではさらなる一騎打ちが待っていた。それは「鳥肌が立つ」「背筋が寒くなる」などの常套句《じょうとうく》では語り尽くせないものだったという。逃げるアファームドに馬体を合わせ、息づまるような競り合いがつづく。アリダーがふり切ろうとするところに追いすがるアファームドが迫り、頭差だけ差し返したところがゴールだった。この三冠レースを通じてひときわ輝いたのはアファームドに騎乗したスティーブ・コーゼン騎手であった。十八歳になったばかりで三冠馬の騎手に輝いた天才であり、時代の寵児《ちょうじ》である。

その後、両馬は夏場の避暑地サラトガでの大一番トラヴァーズステークスでも激突し、アファームドが1位入線でも進路妨害でアリダーが勝利した。両馬の対決は一〇戦もあり、アファームド七勝2着三回である。

だが、この最後の激戦の疲れがあったせいか、四週間後の先輩三冠馬シアトルスルーとの世紀の対決でアファームドはあっけなく敗退してしまう。前哨戦をゆったりと走って世紀の対決にのぞんだシアトルスルーとの能力差は、体調万全なら3馬身差などではなかったにちがいない。

種牡馬となったアファームドとアリダーだが、ここでは皮肉にも大きな差が出ている。体格にすぐれたアリダーに対して、精神に卓越したアファームド。アリダーの身体能力は遺伝したが、アファームドの闘争心は伝わりにくかったのかもしれない。

一九七〇年代には、ほかにも卓越した名馬や名種牡馬が姿をみせている。セクレタリアトと同年生まれのミスタープロスペクター。三歳時の初出走以来、大差の圧勝で短距離戦を三連勝したが、マイル路線に転戦すると距離不安が明らかになり、クラシック戦線には挑戦しなかった。四歳時まで走って生涯一四戦七勝であり、優勝したレースはすべて一四〇〇メートル以下の短距離戦だった。だが、種牡馬としてマイラー系を中心に傑出馬を輩出し、さらに産駒が母馬となって数多くの名馬をこの世に送り出している。

一九七二年生まれの牝馬ラフィアンは、二歳の初出走からGI戦三回をふくむ五戦五勝、つづく三歳時にもマザーグーステークスの13馬身差圧勝などGI戦三回をふくむ五戦五勝だった。だが、ここまでの一〇戦はすべて牝馬相手のレースだった。

牡馬が相手ならどうなるか。競馬ファンなら誰でも心ときめかせるレースを思い描く。とうとう夏の盛りにベルモント競馬場で、同年のケンタッキーダービー馬フーリッシュプレジャーとマッチレースを行うことになった。予想に反して牝馬が先行し、牡馬が追走して半馬身差を挽回してじわじわと抜け出したときだった。不気味な音が炸裂《さくれつ》し、ラフィアンの右前脚が折れていた。なおも走ろうとするラフィアンを騎手は必死に止めた。皮膚を突き破り、骨がむき出しになり、出血もひどかった。医師団は長時間の手術で名牝を助けようとしたが、麻酔から覚めたラフィアンは暴れ出し、ついには安楽死処分がとられた。未来にはかぎりない可能性が待ち受けていたはずだった悲劇のヒロインであり、初の牡馬とのマッチレースが運命の別れ道になった。

一九七七年生まれのダンチヒはノーザンダンサー産駒であり、二歳時は新馬戦の大差の圧勝、三歳時は二回の一般戦をこれも大差で圧勝し三戦全勝で引退した。膝の故障をくりかえしていたからで、種牡馬として期待された。しかも、ニジンスキー、セクレタリアトなどをかかえるケンタッキーのクレイボーン牧場に引き取られたのだから、期待の大きさがわかる。案の定、ダンチヒの初年度産駒から傑出した名馬が輩出し、種牡馬として大きな足跡を残している。

ブリーダーズカップの創設

一九八〇年代になると、競走馬のレヴェルが下がったわけではないが、印象深い馬が少なく、影がうすい。それでも、一九七七年に二歳でデビューしながら、八〇年の五歳で本格化したジョンヘンリーはアメリカ人好みの英雄になった。ダートコースよりも芝コースを主として走るようになったことが転機になった。五歳時にGⅠ戦を四勝し、最後のサンタアニタ競馬場でのオークトゥリー招待ハンデでは、一マイル半（約二四〇〇メートル）を2分23秒0の世界タイレコードで走っている。六歳時にGⅠ五勝、七歳時にGⅠ二勝、八歳時にはGⅠ一勝、九歳時にGⅠ四勝している。生涯実績八三戦三九勝、うちGⅠ一六勝だから、まさしく強靭な意志で走る労働者であった。

だが、その屈強さも購買されてすぐ馬格の成長をうながすために去勢されていたからでもある。七歳の秋に、第二回ジャパンカップに鳴り物入りで参戦したことで日本の競馬ファンにはなじみ深いが、結果は13着と惨敗だった。やがて、悠々自適の牧場生活になったが、騸馬の晩年にはなにか哀しいものがあったという。

このころのアメリカ競馬で特筆されるのは、一九八四年にブリーダーズカップが創設されたことである。その背景には、七〇年代に競馬の人気に翳《かげ》りが見え出していたことがある。深まる秋の一日に、各ジャンルの王者を決める高賞金のＧⅠレースを多数開催することであった。最初は、最高峰のクラシック、三歳以上牝馬限定のディスタフ、二歳牡馬・騸馬のジュヴェナイル、二歳牝馬のジュヴェナイルフィリーズ、最速馬のスプリント、そして芝コースの中距離戦ターフとマイルの七レースであった。その後、ＧⅠ格のレースが追加されるようになるが、「ワールドレーシングチャンピオンシップ」という銘にふさわしく、世界中からその年の活躍馬が参戦するようになっている。

ところで、日本がバブル経済の絶頂期にあるころ、国際情勢はソ連・東欧圏の解体が現実味をおび緊迫していた。一九八九年のアメリカ競馬界には、二頭の強い馬が現れ、ファンの心をとらえた。四月のサンタアニタダービーで11馬身のぶっち切り圧勝を見せたサンデーサイレンスがおり、父にアリダーと母にバックパサー牝馬をもつ筋肉隆々たるイージーゴーアーがいた。

一冠目のケンタッキーダービーでは、一番人気イージーゴーアー、二番人気サンデーサイレンスだった。不良馬場だったが、２馬身半差で勝ったのはサンデーサイレンスだった。二冠目のプリークネスステークスでは、直線で二頭がびっしり競り合って叩《たた》き合い、*サンデーサイレンスが鼻差だけ差し返したところがゴールだった。最後のベルモントステークスでは、距離がもたなかったせいか、サンデーサイレンスはイージーゴーアーに８馬身の大差で２着に敗退した。

秋になって、アメリカ競馬の祭典ブリーダーズカップが開催され、その最高峰たるクラシックで両馬は対戦し、先頭に躍り出たサンデーサイレンスにイージーゴーアーが猛然と首差まで追いすがってきたところがゴールだった。両馬はともに人気を分け合い、皮肉なことに、いつも二番人気だった方が１着で、一番人気の方が２着だった。その後、種牡馬サンデーサイレンスが社台《しゃだい》ファームの吉田善哉《よしだぜんや》氏の手で購買され、日本の競馬界に計り知れない影響を与えたことは記憶に新しい。

二十世紀末、一九九三年の三歳から六歳までの四年間に三三戦一九勝をあげた名馬シガーが登場した。しかも、そのなかにはＧⅠ七勝をふくむ一六連勝があったのだから、圧倒的な強さだった。先行してあっさり抜け出して勝つから、なめらか過ぎてそれほど速いと感じさせなかったという。ところが、種牡馬になって受精能力がまったくないことが判明して、世界の競馬関係者に大きな衝撃をもたらした。中性的な細身の馬体であったことはそれを暗示していたのかもしれない。

第9章　日本競馬の飛躍

——二十世紀の世界の競馬

欧米以外の地域の競馬事情

南米はほとんどの国でサラブレッドの生産が行われていた。頭数だけ見れば、ブラジルが多かったが、重要度ではアルゼンチンがすぐれていた。中距離を重んじる競馬体系があり、一マイルから一マイル半強（約二五〇〇メートル）の間で四冠レースが競われている。いずれも首都ブエノスアイレスのパレルモ競馬場かサンイシドロ競馬場で開催されている。二十世紀の間にも、多くの四冠馬が誕生し、アルゼンチン生産馬の優良さを誇示している。これらの名馬の生産にあたっては、イギリスから輸入した種牡馬が活躍している。北米は血統の濃度が高まることを警戒して、南米から多数の繁殖牝馬を輸入しているという。

オーストラリアでは、競馬はいつも人気を集め、賭け事も盛んだった。ヴィクトリア州とニューサウスウェールズ州が生産の中心地であり、そこに大馬主たちも居をかまえていた。また、馬の能力を高めるために、外から種牡馬を輸入する努力も重ねられていた。

ニュージーランドでは、人口の多い北島で競馬が盛んであったが、馬の生産は南島を中心としていた。イギリスの長距離系の血統を重視し、賞金の高いオーストラリアに生産馬を送りこんでいる。だが、そのせいで、中距離を重んじるニュージーランドの競馬そのものを低調なものにしたことは皮肉であった。

両大戦の間にあった期間に、ニュージーランド産の馬がオーストラリアでとてつもない活躍をした実例がある。一九二六年生まれのファーラップは、発育をうながすために去勢され、稀にみる巨漢馬に生育していた。その当時は騸馬《せんば》もクラシック競走に出走することができたのである。二歳から三歳にかけて最初の一〇戦では一勝することしかできなかった。しかし、その後、距離が伸びるにつれて本格化し、AJCダービーとヴィクトリアダービーをいずれもレコード勝ちしている。

最初の一〇戦をのぞけば、三歳から五歳まで走って、四一戦三六勝であり、そのなかには、九連勝、一四連勝、八連勝がふくまれているから、すさまじいと言うしかない。三歳秋のAJCプレート（三六〇〇メートル）では、最初の一二〇〇メートルを一流のスプリンター並みの時計で走り、二四〇〇メートルの地点では当時の中距離レコードで通過し、そのまま最高峰のメルボルンカップ優勝馬を相手に計りようもない大差で圧勝した。

四歳時のメルボルンカップでは、オッズ（賭け率）が二倍を切る空前絶後の大本命になり、そのせいで同馬を狙撃《そげき》しようとする一味がいたという。レースは好位につけながら直線になると軽く抜け出して3馬身差で快勝した。

五歳時にカリフォルニアに連れていかれたファーラップはそこでの高額賞金のレース（初めてのダート競走）を圧勝している。だが、その二週間後、謎の最期をとげている。公式発

図22　メルボルンカップ開催日の風景

表は疝痛であったが、偶然か故意か、砒素《ひそ》による毒死であった。ファーラップの剥製《はくせい》が作られ、その心臓は重さが普通の馬の二倍近いものだという。

二十世紀半ばになると、オーストラリアの競走馬の血統は低調になっていると指摘されることがある。種牡馬の輸入はつづけられたが、もはや優良な馬は手に入らなかったのだろう。生産馬をインドや極東の各地に輸出すれば利益を得られるが、競走馬の能力向上に資することは少なかった。

南アフリカでは、二十世紀前半にも、競馬は着実に進んでいた。イギリス産の種牡馬が輸入されていたので競走馬の質はある程度保たれていた。第二次大戦とともに、馬が輸入されなくなったために、南アフリカでは馬の生産が盛んになり、多くの牧場が新設されている。だが、それは劣悪な競走馬が数多く出てきたにすぎなかった。戦後、イギリスやフランスから競走馬が輸入され、いくらか競走馬の質も向上したが、とくにすぐれた馬は多くない。

しかし、国際レヴェルの競馬に影響を与えた馬もいないわけではない。一九六三年にアメリカの重賞を制したコロラドキングのほか、ハワイがいる。ハワイは母国で多くの勝利をおさめたのち渡米し、一九六九年の全米芝チャンピオンに輝いている。

一九八〇年代の競馬をあつかう書籍には、中東に関する競馬は語られることがなかった。もともと、これらの地域からイギリスに持ちこまれたアラブ馬が十八世紀におけるサラブレッドの誕生に大きく関与していたのだったが。

それにしても、ドバイのマクトゥーム一族の台頭は、まずはイギリスにおいて、さらには世界にあって、大きな影響力をもつものだった。このマクトゥーム一族の陣頭に立つのはシェイク・モハメド殿下である。ゴドルフィンの青色の勝負服で数多くの勝利をものにしている。その国際競馬事業の開拓は、世界の競馬界を大きく揺さぶっている。もともと、名門ケンブリッジ大学で学ぶうちに、近隣にあるニューマーケット競馬場を訪れて柵にもたれながら、いつの日か世界一の馬主になることを夢見ていたという。

また、マクトゥーム一族と並んで、カリド・アブドゥラ殿下、ファハド・サルマーン殿下およびアーメド・サルマーン殿下などのサウジアラビアの王族たちもイギリス競馬を舞台に活動している。イギリスにクラシック級の競走馬をもち、なかでも名高いのがアブドゥラ殿下所有のダンシングブレーヴ、兄ファハド・サルマーン殿下所有のジェネラスである。弟アーメド・サルマーン殿下所有のオースは一九九九年の英ダービーを勝つとともに、三年後にはウォーエンブレムでケンタッキーダービーをも制したのである。

二十世紀末になると、主にシェイク・モハメド殿下の尽力で自国ドバイでの競馬が開発された。一九九二年には格式のあるナドアルシバ競馬場が開設され、翌年にはUAE競馬協会が設立されている。さらには、一九九六年には、世界最高の賞金額を誇るドバイワールドカップ競走が開催され世界中から注目を集めている。もっとも、ドバイでは、競馬場の内でも外でも、賭け事は禁止されているのだが。

日清・日露戦争と軍馬育成

十九世紀末、欧米の列強進出が勢いをますと、日本では国防の観点からも大陸進出の問題が意識されるようになったらしい。日本国内だけなら山地が多く、軍馬を使用する機会は少なかった。だが、大陸での戦闘となると、すぐれた軍馬が必要になる。

一八九四年(明治二十七年)、日清《にっしん》戦争がおこる。選《よ》りすぐった二万五〇〇〇頭の馬を大陸に送ったが、もともと騎馬遊牧民の清国に比べれば、軍馬の質は劣悪だった。また、馬事文化の希薄さから、兵士たちの馬匹取扱いはお粗末きわまりないものだった。

このような情勢のなかで、翌年、アメリカから一四頭のサラブレッドが輸入された。もちろん、競馬のためだけではなく、軍馬育成のための「馬匹改良」の意見書が出されていたからである。しかし、実際の改良は遅々として進まなかった。また、去勢を知らないために、日本の在来馬は気性が荒く、在来種が大半を占めるなかでは、去勢法の普及も不可欠だった。

一九〇四年（明治三十七年）、世界有数の陸軍国ロシアを相手として、日露戦争がおこる。戦線ばかりか補給線も拡大して、馬匹はますます必要になった。陸軍省の用意した軍馬三万頭ばかりか、一七万頭以上の馬を民間から挑発したり購入したりした。それでも戦闘が長期化すると、軍馬は損傷疲弊し、馬資源が枯渇しかねない有様だった。優秀なコサック騎兵に日本軍は苦戦を強いられた。それを知ったヨーロッパのある兵法研究者は「奉天《ほうてん》会戦の際にもし日本軍に新鮮な騎兵一師団があったら、おそらくロシアは無条件降伏をしただろう」と語ったという。

明治天皇は、みずから乗馬をたしなみ馬事に造詣も深く競馬場にもしばしば足を運んでいた。この戦時中に馬匹改良の勅諚《ちょくじょう》が出され、「馬匹改良三〇年計画」が定められた。こうして馬匹改良事業は国家事業として推進されることになる。最初の一八年間で全国総馬数を一五〇万頭に拡充し、そのうち三分の一を改良雑種化して体高の大型化をはかるなどがめざされた。後半の一二年間では、これら改良品種を基盤にしてさらなる改良に尽力することだった。もっとも、一八九七年(明治三十年)前後に、日本馬の総数はすでに一五〇万頭を超えており、計画の本務は頭数よりも品種の向上にあったのである。世界の混血種がアラブ種またはサラブレッド種の血液をもっていることがなによりも注目すべきことだった。

このような大事業は官営牧場だけでは達成できるものではなく、民間の牧場も巻きこんで、国民の馬産への熱意を高める必要が痛感された。そのために諸外国の事例を調査した結果、馬匹改良の唯一にして最善の方策は競馬の奨励であるという結論にいたった。

このような流れのなかで、たとえば、馬匹改良にいち早くとりくんだ小岩井《こいわい》牧場はイギリスからサラブレッド種の種牡馬と二〇頭の優秀な繁殖牝馬を輸入した。やがて、第二次大戦にいたるまで、この小岩井牧場は、千葉県三里塚《さんりづか》にある下総御料《しもうさごりょう》牧場とともに、競走馬の生産牧場としては双璧として君臨したのである。

このようにして各地に馬産組合を奨励し、競馬会を組織させることが進められていく。この競馬会の模範を東京に設けることにしたが、趣旨に賛同する者は多かったが、資金の調達は難航した。そのために、馬券の発売を黙許する案が浮上したのである。

日清・日露戦争を経て、軍馬の改良が希求され、また兵卒の劣悪な馬匹取扱いの是正が痛感されるようになった。このような上からの軍事的目的で競馬も馬券も再開されたのであり、民衆のための見世物や娯楽を目的としたわけではなかった。

一九〇六年（明治三十九年）秋、東京競馬倶楽部《クラブ》の池上《いけがみ》競馬場において、日本人の組織による馬券発売の競馬が開催された。馬券は一枚五円だったから、巡査の月給が一五円の時代にはとてつもない単価だった。それでも四日間開催の売り上げが二〇〇万円にもなり、馬券発売が儲《もう》かる事業であることが明らかになった。全国各地に競馬場が設けられ、その数は一五にのぼった。

だが、馬券の購入が無制限であったために、賭け事に熱中する者が身を持ち崩すという事例も少なくなかった。「何等《なんら》馬匹を鑑定する素養のない者が、一時の僥倖《ぎょうこう》を期して馬券に熱中し、勝てば更に買ひ、負ければ自暴自棄になって財を傾け、場内に酒をあふって芸を職とする婦人と狂ひ、遂には身を過《あやま》って所謂《いわゆる》競馬ゴロに堕落し、或《あるい》は必勝を希《こいねが》ふの余り騎手を買収せんと試み、意外に得た払戻《はらいもどし》の大金を一夜に遊蕩《ゆうとう》に費すなど、成程《なるほど》識者の眉《まゆ》を顰《ひそ》めさうな弊害や犯罪がかなり頻々と生じた（後略）」（芝田清吾《しばたせいご》『競馬』東文堂、一九二四年）という。

賭け事があればいつの時代にもおこりそうなことだが、日本人が馬券発売をともなう近代競馬を初めて体験したのであるから、なおさら世相に強烈な印象をもたらしたのだろう。賭博への批判もくりかえされたが、国民の競馬への熱狂はおさまりそうになかったという。軍馬の馬匹改良を目的とする軍政や農政の立場からすれば、競馬の興隆は望ましかったが、悪評が広まれば馬券の黙許は放置できなくなるかもしれなかった。

それは意外にも早く訪れた。黙許から二年後の一九〇八年(明治四十一年)秋には、馬券の発売が禁止されたのである。このような馬券禁止時代は一六年間つづくことになる。この期間は馬券発売による資金の確保は、競馬存続のために、補助金を交付することで埋め合わされた。

一九一〇年(明治四十三年)、馬政局は「連合競走施行要領」を提示して、スタミナに富む有能な馬の出現を奨励した。それぞれの競馬倶楽部の枠を超えて「連合二マイル競走」が開催されたのである。各クラブの最優良馬を出走させて日本一の馬を決めるというのであるから、画期的であった。この「連合二マイル競走」は一九一七年(大正六年)までは毎年秋に、それ以降は春秋二回行われるようになった。やがて、三二年(昭和七年)に東京優駿大競走(日本ダービー)が実施されるようになるまでつづき、その後は農林省賞典として三歳馬の五大クラシック競走が整備されるまで実施された。

安田伊左衛門と日本ダービー創設

ところで馬券の発売が禁止されて、競馬は不振の時代を迎えていた。そもそも競馬の創設（再開）を頼まれていたのが安田伊左衛門《やすだいさえもん》である。馬政長官を兼任する陸軍大臣寺内正毅《てらうちまさたけ》は、馬券禁止令発布直後、安田を呼んで「頼んでおいて申し訳ないことになったが、君は馬から手を引いてもらいたい」と謝ったという。安田は「私は頼まれたからやっているのではありません。自分でよく考えて必要だと思ったから発起したのです。今やめることはとてもできません。むしろ馬券の復活運動にあくまで邁進します」と毅然と答えたらしい。以後、彼は世論の喚起と理解に尽力し、辛抱強く馬券復活運動をつづけたのである。この間、陸軍省とも密接かつ良好な連携を保ちながら、さらに衆議院選挙に立候補して議員になり、二期にわたって政界で馬券復活運動を推進した。

この期間、二度にわたって競馬法案が議会に提出されたが、いずれも貴族院の大反対にあって陽の目をみなかった。だが、第一次大戦における列強諸国の膨大な軍馬所有を見聞すると、陸軍もふたたび馬匹改良を再認識し競馬法の提案に本腰を入れるようになったという。

そのような諸々の努力の重なりのなかで、一九二三年（大正十二年）三月、「未成年、学生、競馬関係者の勝馬投票券の購買禁止」をふくむ競馬法案が衆議院で可決された。それを見届けた安田伊左衛門は事務所に帰り、冷酒、スルメ、みかんで質素な祝宴をあげ、「今までの苦難の道を忘れず、あくまでも正しい競馬を実現しなければならない。勝って兜《かぶと》の緒を締めよ」と語ったという。今日の競馬ファンはGⅠ「安田記念」のファンファーレが鳴ったとき、この言葉を忘れないでいたいものだ。

このような動きとともに、競馬を支えていたのは根幹となる大レースの存在である。サラブレッドやアラブの能力検定の馬としての競馬も天皇や皇族の来臨および「御賞典」の下賜を仰ぐことによって進展してきた面もある。天皇賞の祖型をたどれば、一八八〇年（明治十三年）、横浜の根岸競馬場で行われたThe Mikado's Vase Raceにさかのぼることができるという。その後も根岸競馬場では毎年のように御下賜品を賞とする競馬が行われていた。日露戦争中の一九〇五年（明治三十八年）、天皇賞の前身となる「帝室御賞典競走」がエンペラーズカップとしてはじまった。日英同盟のよしみで宮内省から英国大使館経由で優勝賞品が下賜されている。翌年秋の東京競馬場、その四年後の秋の鳴尾《なるお》競馬場（現在の兵庫県西宮市に所在）をはじめ、公認の競馬場で相次いで「帝室御賞典競走」が行われている。

やがて、一九二三年（大正十二年）の競馬法の公布以降、「帝室御賞典競走」は競馬界における最大の目標とされるようになった。最初は一マイル（一六〇〇メートル）、その後、一八〇〇メートル、二〇〇〇メートル、二六〇〇メートル、二七〇〇メートルと延長され、一九三八年（昭和十三年）秋から、二マイル（三二〇〇メートル）に統一され、古馬最高の栄誉となったのである。それは軍馬としてスピードとスタミナを兼ね備えた最良のサラブレッドをつくるという国策にもかなったことであった。

このようなサラブレッドの生産が軌道にのりつつあったとはいえ、目前に迫る国防の必要からすれば、サラブレッドには問題があった。スピードに勝っていても繊細すぎる馬種には艱難《かんなん》辛苦の戦場の舞台は苛酷すぎるのである。将校乗馬や騎兵乗馬としては、アラブ種やアングロアラブ種（純血サラブレッドと純血アラブとの交配による生産馬）が適応力にすぐれており、そのために一九二九年（昭和四年）からアラブ系の競走も編成されるようになった。

だが、近代競馬の基本はサラブレッドの競走であり、安田伊左衛門はイギリスのダービーに準じるレースを創設する意向を示す。それに従って、一九三二年（昭和七年）春、距離二四〇〇メートルの三歳馬による東京優駿大競走（日本ダービー）の第一回が開催され、ワカタカが優勝した。同馬は下総御料牧場の生産馬であったが、第二回の優勝馬カブトヤマは小岩井牧場の生産馬であった。それ以後、一九五〇年（昭和二十五年）の第一七回東京優駿大競走（四五年と四六年は開催なし）まで、下総御料牧場が六頭、小岩井牧場が六頭の優勝馬を出しており、まさしく両牧場の生産馬は抜きつ抜かれつの戦いを演じていたのである。

ところで、世界中で諸列強の利害が衝突し、わが国は国際連盟を脱退し、国際政治は風雲急を告げていた。このような混迷のなかで、一九三六年（昭和十一年）にさらなる改正競馬法が制定された。全国にあった一一の競馬倶楽部を統合し、日本競馬会が設立されたのである。初代理事長は松平頼寿《まつだいらよりなが》伯爵であり、副理事長には安田伊左衛門が就任した。

この日本競馬会が最初に手掛けた番組改正は、なによりも帝室御賞典を整え、春秋一競走の古馬チャンピオン決定戦を実施することだった。翌年秋、第一回の帝室御賞典（天皇賞）が東京競馬場で行われ、翌年春には阪神競馬場で実施され、第三回以降は距離も二マイル（三二〇〇メートル）に定まり、まさしくスタミナとスピードを兼ね備えた最強馬の決定戦となった。それは国防という目的にも寄りそっていたのだ。

そのころには日本ダービーの形ができあがりつつある時代だった。一九三八年（昭和十三年）、イギリスのクラシック競走にならって、三歳馬の大レースを創設する動きがはじまる。それらは大戦をはさんで名称こそ変わっていったが、一九四六年（昭和二十一年）の優駿牝馬競走（オークス）、四七年の桜花賞《おうかしょう》競走、四八年の菊花賞競走、四九年の皐月賞《さつきしょう》競走として結実していくことになる。こうして五大クラシック競走が出そろうのである。

戦前から戦後にかけての混乱期のなかで、どのようにして日本の競馬は生き抜いていったのだろうか。ここでも安田伊左衛門の指導力はきわだっている。安田は一九三八年（昭和十三年）から四八年（昭和二十三年）までの二期一〇年にわたって日本競馬会理事長を務めながら、難局を乗り切っている。彼の信念は「競馬は馬匹改良の源泉であり、競馬はその公正な施行にある」という揺るぎないものであった。

一九四〇年（昭和十五年）から、軍馬資源保護法にもとづく鍛錬馬競走が実施され、四三年（昭和十八年）には競馬開催が停止されている。ただし、東京競馬場と京都競馬場だけは能力検定競走が行われたのだが。四五年（昭和二十年）になると米軍の空襲が激しくなり、能力検定競走の場所を北海道と東北地方に移さざるをえなかった。このような戦時の困難のなかでも、安田理事長はあくなき信念をもって能力検定競走と競走馬資源の確保に努力したのである。終戦翌年の一九四六年（昭和二十一年）には、早くも農林省競馬部指導下に競馬は復活し、日本の復興とともに興隆への道を歩んでいくことになる。

これらの混迷の時期に活躍した馬としては、セントライト、クリフジおよびトキノミノルが特筆される。セントライトは、戦乱急をつげる一九四一年（昭和十六年）、皐月賞、ダービー、菊花賞を制して初めて三冠馬になった。競馬中止直前の四三年（昭和十八年）には、ダービーとオークスに勝った名牝クリフジが現れ、天才とよばれた前田長吉《まえだちょうきち》騎手の手綱により一一戦全勝で引退した。また、戦後になって朝鮮戦争の最中《さなか》の一九五一年（昭和二十六年）、トキノミノルが出て、皐月賞とダービーを連勝し、絶大な人気を集めながら、その一七日後に破傷風で急死してしまう。一〇戦全勝での早世は多くの人々の涙をさそった。

有馬頼寧と日本中央競馬会発足

戦後、危機に瀕した競馬は国家の庇護下で細々と営まれてきたが、一九五四年（昭和二十九年）、日本中央競馬会法が制定された。このなかで、国営競馬が中央競馬として民間に移管され営まれることになり、地方競馬は地方自治体が運営しつづけることになった。地方競馬は「公営競馬」の通称で親しまれているが、戦後は、もっぱら自治体の財政収入源としての役割をになって発展した。

同年九月には日本中央競馬会が発足している。二代目理事長の有馬頼寧《ありまよりやす》は、東京帝国大学助教授、衆議院議員、貴族院議員、農林大臣などを歴任しながら、私財を投じて教育事業にも挺身したが、戦後は公職追放になり、閑居していた。やがて、政界や実業界から役職に請われても頑《かたく》なに拒んでいたが、この理事長の職には応じたのである。

有馬がめざしたのは、競馬環境の改革、国民の偏見の払拭《ふっしょく》、明るく有益な社会福祉事業の運営であり、一言で「国民に開かれた競馬」と言えるものである。このような方針は、その後、日本の競馬事業のなかで一貫して受け継がれていく。その一例として、秋競馬が春に比べて盛り上がりに欠けることから、ファン投票によって出走馬が選ばれる年末の大一番として中山《なかやま》グランプリ競走が創設されたことがあげられる。有馬理事長が任期途中で急逝したことから、第二回より有馬記念の名で親しまれるようになった。

ところで、「競馬の世界史」という観点から見れば、第二次大戦後の日本における競馬の発展は、「いかなる国のいかなる時代よりも急速であった」と言えるのではないだろうか。その足跡をたどることは重大な意味をもつとともに、歴史の驚異にふれることでもある。

発足当時、中央競馬会は一二の競馬場をもち、公営競馬はおよそ四〇の競馬場を有していた。一九六〇年代になると、競馬に対する熱意が国民の間で高まっていた。まず、なによりも衆目を集める傑出馬《スターホース》が出てきたことである。

図23　有馬頼寧　国立国会図書館蔵

すでに、一九五六年（昭和三十一年）の三歳時にダービーを制し、四歳時には天皇賞（秋）と有馬記念を勝った尾形藤吉《おがたとうきち》厩舎のハクチカラは、五歳時以降、アメリカに遠征し、一七戦中、サンタアニタ競馬場でワシントンズバースデーハンデを制して喝采をあびた。また、一九六〇年の安保騒動の最中、武田文吾《たけだぶんご》厩舎のコダマは皐月賞、ダービーの二冠を制し、その名声は当時中学生だった筆者の耳にも届くほどだった。同馬は五歳時に宝塚《たからづか》記念も勝ち、生涯成績は一七戦一二勝だった。

東京オリンピックにわいた一九六四年（昭和三十九年）、またもや武田文吾厩舎から栗田《くりた》勝《まさる》騎手の手綱で不世出の三冠馬シンザンが出て、日本中の喝采をあびた。同馬はイギリスからの輸入種牡馬ヒンドスタンの産駒であり、翌年には天皇賞（秋）と有馬記念も制して五冠馬とよばれるようになった。以後「シンザンを超えろ」が競馬ファンの間では、スローガンとして親しまれるようになった。

一九六七年（昭和四十二年）春の天皇賞では、野平祐二《のひらゆうじ》騎乗の四歳馬スピードシンボリが勝ち、同馬は六歳、七歳の高齢になっても有馬記念を連覇するという初偉業をなしとげている。この連覇時にいずれも僅差の2着に泣いたのが三歳・四歳時のアカネテンリュウ（菊花賞馬）だったのは語り草である。スピードシンボリは六歳時に日本馬として初めて、ヨーロッパ競馬の最高峰であるキングジョージと凱旋門賞に参戦し、それぞれ九頭立て5着、二四頭立て10着だった。

一九六九年（昭和四十四年）春の天皇賞を制覇したタケシバオーは、距離の長短、芝ダートを問わず活躍する万能ぶり発揮し、競馬ファンの心を熱くした。

ハイセイコー人気と二頭の三冠馬

一九七三年（昭和四十八年）春、地方競馬六戦全勝の鳴り物入りで中央競馬に移籍したハイセイコーは、競馬ファンのみならず一般国民をも巻きこんで熱い期待を集めた。移籍後、皐月賞をふくむ四戦全勝でダービーにのぞんだが3着に敗退し、人々の涙をさそった。このダービーを勝ったタケホープは、菊花賞でもハイセイコーを鼻差斥け、翌春の天皇賞では6馬身差引き離して、長距離の名馬としての威光を示した。敗者ハイセイコー人気が後押ししたせいで、このころから中央競馬の売り上げは一気に上昇しはじめ、五年後には倍増して、初めて一兆円の大台を突破している。

ハイセイコー世代の翌年には、皐月賞、菊花賞の二冠馬キタノカチドキ、その翌年には皐月賞、ダービーの二冠を制した快速馬カブラヤオーが出て、競馬場を訪れる観客も増加している。

さらに翌年の一九七六年（昭和五十一年）、関東には天馬トウショウボーイ、関西には貴公子テンポイントが登場する。皐月賞こそトウショウボーイが勝ったものの、ダービーは伏兵クライムカイザーにさらわれ、菊花賞も伏兵グリーングラスに屈した。同年の有馬記念はトウショウボーイ1着、テンポイント2着と、三歳馬の両雄が実力を示した。

翌年は、春の天皇賞をテンポイントが、宝塚記念をトウショウボーイが制し、暮れの大一番の有馬記念で両馬が激突。圧倒的なスピードに物を言わせてトウショウボーイが逃げ、その後ろにぴたりとテンポイントがよりそって競り合うという、普通なら両馬とも力尽きて自滅するパターンである。ところが、二頭とも他馬をよせつけず、最後の直線でも競り合ったまま、テンポイントが3/4馬身抜け出したところがゴールだった。スタートからゴールまで手に汗を握る競り合いは、テンポイント側のなにがなんでもトウショウボーイには先着するという執念の賜物だった。今なお、日本競馬史上の最高のレースとして讃えられる感動の激走である。

また一世代下にはニジンスキー産駒のマルゼンスキーが圧倒的な強さを誇ったが、同馬は外国産馬の扱いだったためにクラシック競走には出走できずに、八戦全勝で引退してしまう。

これら数年の人気馬、名馬、名場面がつづいたせいか、その後の数年間の競馬はどことなく印象の薄いものになっている。特筆されるのは、一九八〇年（昭和五十五年）まで勝ち抜き制であったので一度優勝した馬は出走できなかった天皇賞だったが、翌年から何度でも出走できるようになったことがある。

さらに、一九八一年（昭和五十六年）、海外から有力馬を招待してジャパンカップが創設されたことは、日本の競馬における大変革であり、維新であった。天皇賞馬ホウヨウボーイをはじめ当時の日本のトップクラスが束になってかかっていっても、アメリカではお世辞にも一流馬とはいえない牝馬メアジードーツに軽くあしらわれ、日本馬は5着が最高着順だった。

図24　シンボリルドルフ（左）　1984年の日本ダービーを無敗で制した．写真提供，共同通信社

あのレースを観戦した者は、日本馬がジャパンカップを勝つまであと二〇年はかかる、二十一世紀の出来事だろう、と心底ため息がもれたはずだ。

ところが、翌々年の第三回になると、秋の天皇賞馬キョウエイプロミスが先に抜け出たアイルランドの一流牝馬スタネーラを相手に追いすがり頭差の2着になったのだから、ファンは狂喜した。

というのも、その年、トウショウボーイ産駒のミスターシービーが吉永正《よしながまさ》人《と》騎手の手綱で怒濤のごとく末脚を決めて三冠馬になっていたからである。しかも、翌年にはパーソロン産駒シンボリルドルフが岡部幸雄騎手の手綱で八戦無敗の三冠馬になり、いやがうえにも期待が高まった。

秋の天皇賞が二〇〇〇メートルに短縮されて最初の年、またもや鮮やかな追い込みで制した前年の三冠馬ミスターシービーがおり、無敗の三冠馬になったばかりのシンボリルドルフもいたのだ。たしかに、レースは期待どおり日本馬が勝ったが、それは逃げねばった伏兵カツラギエースだった。あまりにも三冠馬二頭への期待が高かっただけに、ジャパンカップ日本馬初制覇にもかかわらず、競馬場内は静寂な落胆の雰囲気につつまれた。

その年の有馬記念を制したシンボリルドルフは、翌春の天皇賞も勝ち、秋には外国馬を迎えて堂々一番人気でジャパンカップを楽勝した。年末の有馬記念も制して、七冠に輝く史上最強馬と讃えられている。

平成の名勝負

その後の数年は傑出馬が少なかった。そのことは、六年連続でジャパンカップ優勝を外国馬にさらわれたことでも明らかである。それでも、一九八八年（昭和六十三年）には、史上初の天皇賞春秋連覇をなしとげていた「白い稲妻」タマモクロスがアメリカ馬ペイザバトラーの半馬身差2着した。また、翌八九年（平成元年）には地方出身の人気者だった「芦毛の怪物」オグリキャップがニュージーランド牝馬ホーリックスの首差2着と気を吐いた。このとき掲示板に表示された2分22秒2という勝ちタイムは観衆の度肝をぬいた。クラシック距離《ディスタンス》といわれる二四〇〇メートルの世界レコードだったのだから無理もない。

五歳になったオグリキャップは安田記念を制したものの、つづく三戦に敗北し、とくにジャパンカップは11着と惨敗だった。もはや同馬の力は尽きたと思われていたが、「芦毛の怪物」は有馬記念でよみがえった。武豊騎手が馬上でこぶしを突き上げる感動の場面がファンの心を熱くした。

一九九〇年（平成二年）の菊花賞を制したメジロマックイーンは、父メジロティターンも祖父メジロアサマも天皇賞馬であり、翌春には父系三代の天皇賞制覇に輝いた。秋の天皇賞も武豊騎乗でスピードにものをいわせて6馬身差で圧勝したが、スタート直後に他馬数頭の進路を妨害したとして18着降着という不運に終わった。

この年、シンボリルドルフ産駒のトウカイテイオーは春の二冠馬になったが、ほどなく左後脚の骨折が判明して秋の出走はかなわなかった。翌春、休養明けの重賞レースを楽勝して無敗を守り、天皇賞連覇のかかるメジロマックイーンとの対決が待ち望まれた。一騎打ちの予想も最後の直線の手前でくずれ、メジロマックイーンの一方的な圧勝劇で幕を閉じた。だが、秋になって復活したトウカイテイオーは六年連続で外国馬の手中にあったジャパンカップを岡部幸雄騎手の手綱で制覇し、また翌年の有馬記念を一年の休養をはさんで辛勝するという快挙をやってのけた。

一九九二年（平成四年）、二冠馬ミホノブルボンは無敗のまま、三冠最後の菊花賞にのぞんだ。同馬は血統に恵まれていたわけではないが、戸山為夫《とやまためお》調教師は坂路《はんろ》調教で徹底的に鍛えぬき鋼鉄のような筋肉に仕上げていた。だが、のちに稀代《きたい》のステイヤーとよばれたライスシャワーに1馬身¼差およばず2着、そのまま引退した。翌春、ライスシャワーは天皇賞三連覇のかかるメジロマックイーンと対決し、2馬身半斥けて快勝した。その翌々春の天皇賞も六歳馬で制覇して、長距離の王者としての風格を示したが、宝塚記念のレース中、最後の下り坂で骨折し、あえなく命を落とした。

一九九四年（平成六年）、壮絶な強さをもつ三冠馬ナリタブライアンが登場する。皐月賞3馬身半差、ダービー5馬身差、菊花賞7馬身差で圧勝し、有馬記念も3馬身差で古馬を一蹴したのだから、三歳時で見れば、シンボリルドルフを超える史上最強馬とよんでもいいだろう。古馬になったナリタブライアンは意外にも期待を裏切った感がある。二歳時七戦も出走させた疲労が残ったと批判されることがあるが、種牡馬二年目で夭折《ようせつ》したこととともに、惜しまれてならない。

五歳のナリタブライアンと四歳のマヤノトップガンが春の天皇賞の前哨戦である阪神大賞典で壮絶な叩き合いのマッチレースを演じたことは鮮烈な印象を残した。マヤノトップガンは一九九五年（平成七年）の菊花賞と有馬記念を制し、翌年の宝塚記念と翌々年の春の天皇賞をも手中におさめて、中長距離の名馬と評価されている。

一九九七年（平成九年）のダービーで9着に惨敗したサイレンススズカは、武豊騎乗で古馬になって大変身をとげる。しかもレースのたびに逃げ切りの圧勝劇を見せるのだから、ファンの心をわかせた。とくに、中京競馬場での金鯱《きんこしょう》賞では大逃げを打ちながら11馬身の大差勝ち。つづく宝塚記念も逃げ切り勝ち、秋の緒戦も楽に逃げ切って六連勝で天皇賞に出走した。圧倒的なスピードの違いで大差をつけて快調に逃げていたが、四コーナー手前で突然に失速した。左手根骨粉砕骨折《ひだりしゅこんこつ》で安楽死の処置がとられた。東京競馬場は深い悲しみにつつまれ、その後のレースの展開などほとんど記憶に残っていないほどだった。

二十世紀末でも、まだ外国産馬の出走レースはかぎられていた。サイレンススズカと同世代のタイキシャトルも外国産馬の制限下にあり、初出走からダートレースもふくめ三連勝、四戦目で不覚の2着をとったのが惜しまれる。三歳秋の五戦目から四歳秋まで八連勝だった。そのなかには、マイルチャンピオンシップ二回、スプリンターズステークスを制し、なによりもドーヴィル競馬場でのジャック・ル・マロワ賞の快勝が光る。前週にモーリス・ド・ゲスト賞でシーキングザパールが勝利していたために海外GI制覇は先を越されていた。だが、短距離もこなせるマイラーとしては最強馬とよんでもいいだろう。

図25　サンデーサイレンス　社台スタリオンステーションで種牡馬生活を送った

一九九〇年代になって、種牡馬サンデーサイレンスが圧倒的な力を示しはじめていた。フジキセキ、タヤスツヨシ、バブルガムフェロー、サイレンススズカなどにつづいて、一九九八年（平成十年）のクラシック世代には、武豊騎手に初めてダービーの栄冠をもたらしたスペシャルウィークがいる。この世代には、グラスワンダーとエルコンドルパサーという強豪がいたが、外国産馬であるためクラシック競走への出走はできなかったから、スペシャルウィークには幸運であった。

同馬は翌年の天皇賞を春秋連覇し、ジャパンカップを制しているが、宝塚記念では3馬身差2着、有馬記念ではわずか鼻差2着と、グラスワンダーには煮え湯をのまされている。前年のジャパンカップではエルコンドルパサーから3馬身差の3着と後塵《こうじん》を拝した。四歳時にフランスに遠征したエルコンドルパサーはGⅠサンクルー大賞を制し、前哨戦のフォア賞も勝って、凱旋門賞に出走した。かなりの重馬場のなか逃げ切りをはかり、他馬を引き離していったが、仏愛ダービー馬モンジューだけがひたひたと迫り、最後に半馬身差されたところがゴールだった。3着以下は6馬身差もあったので、「二頭のチャンピオンがいた」と讃えられるほどだった。日本調教馬による凱旋門賞2着は大きな衝撃だった。

一九九九年（平成十一年）のクラシック世代には、テイエムオペラオーが出て皐月賞を制した。同馬は四歳の古馬になって、とてつもない強さを発揮する。それは晩成型の成長力であり、むしろ皐月賞制覇が早すぎるものだった。二〇〇〇年には天皇賞（春）、宝塚記念、天皇賞（秋）、ジャパンカップ、有馬記念の五冠をすべて制したのだから、もはや不滅の記録と言ってもいいだろう。このうち宝塚記念以後の四レースはいずれもメイショウドトウが2着だったのは興味深い。

第10章　国際化時代のビッグレース

——現代の競馬

競馬はいつでもどこかでやっている。日本では中央競馬は主として土日に開催されているが、世界規模で見れば、それは例外である。それぞれ国々の競馬事情があるが、二十一世紀の競馬については、一年の流れのなかで、どこで主要な競馬が開催されているかをたどっておきたい。

北半球の春は、まず三月末のドバイワールドカップの開催日で華やかな幕を開く。二〇〇九年まではナドアルシバ競馬場で行われていたが、翌年からは新設されたメイダン競馬場で開催されている。ワールドカップはダート競走の二〇〇〇メートル戦であり、それとともに芝二四〇〇のシーマクラシックなどのGIレースがある。

ダート競馬が主流であるアメリカの最強馬が出てくれば、ワールドカップは盛り上がる。二〇〇四年には、前年のアメリカ競馬最高峰のブリーダーズカップクラシックの覇者プレザントリーパーフェクトが、また、〇七年にはインヴァソールが、さらに、〇八年にはカーリンが出て、期待どおり制している。

日本馬も二〇〇一年にトゥザヴィクトリーが2着し、さらに一一年にはヴィクトワールピサが優勝し、トランセンドが2着している。もはや、いつでも射程内にある世界最高賞金額レースである。

シーマクラシックは、ヨーロッパの最強クラスの馬が多く出走する。日本馬では、GⅡ時の二〇〇一年にステイゴールドが制しているが、GⅠ昇格後は、〇六年のハーツクライ、一四年のジェンティルドンナが勝っている。芝一八〇〇メートルのデューティフリーでは、〇七年にアドマイヤムーンが、一四年にジャスタウェイが制覇している。とくにジャスタウェイの強豪馬を相手にした圧勝ぶりはその年の世界ランキング一位の評価を受けている。


四月から六月の欧米や日本では、三歳馬のクラシック競走を中心に春競馬の盛り上がりをみせる。そもそもは、イギリスにおける牝馬限定のマイル戦千ギニーと一マイル半のオークス、さらには限定なしのマイルの二千ギニーと一マイル半のダービーが模範になっている。各国はそれぞれの形でそれらに準じるクラシック競走を営んでいる。

現代では競走馬も距離別のスペシャリスト化が進んでいるので、マイルと一マイル半のクラシック競走を両方勝つことは至難になっている。二十一世紀になって、イギリスで二千ギニーとダービーを制したのは二〇〇九年のシーザスターズと一二年のキャメロットだけである。シーザスターズは同年の凱旋門賞も制している。キャメロットは秋のセントレジャーにも出走し、ニジンスキー以来の四二年ぶりの三冠馬をめざしたが、伏兵エンケに¾馬身後れ

図26　フランケル（左）　2011年のクイーンエリザベス二世ステークスを快勝した

をとって敗退してしまった。

マイルだけあるいは一マイル半だけの同距離になると、とりわけイギリスとアイルランドの間ではときどき連勝する馬が現れる。二千ギニーでは二〇〇二年のロックオブジブラルタルが連勝し、のちにもマイル路線のＧＩを勝ちつづけた。ほかにも〇七年のコックニーレベル、〇八年のヘンリーザナヴィゲーター、一五年のグレンイーグルスが英愛二千ギニーを連勝している。

しかしながら、マイル路線になると、なんといっても、二〇一一年の二千ギニー馬フランケルが特筆される。名伯楽ヘンリー・セシルのもとで足かけ三年走り一四戦全勝（うちＧＩが一〇勝）、最終戦の二〇〇〇メートルの英チャンピオンステークスをも圧勝して、今世紀における最強馬の誉れをほしいままにしている。

英ダービー馬としては、二〇一〇年のワークフォースは秋には凱旋門賞をも制している。このとき頭差2着に泣いたのが日本馬ナカヤマフェスタであった。また、一五年のゴールデンホーンも両レースを制している。この一マイル半の距離になると、英ダービーと愛ダービーを連勝する馬がいる。二〇〇一年のガリレオ、〇二年のハイシャパラル、一二年のキャメロット、一四年のオーストラリアなどである。

オークス馬では二〇〇四年のウィジャボードは翌年のヨーロッパ年度代表馬（カルチェ賞）になり、一〇年のスノーフェアリーはライアン・ムーア騎乗で同年と翌年のエリザベス女王杯（京都競馬場）を連覇し、その豪脚で日本の競馬ファンの度肝をぬいた。

愛ダービー馬では、二〇〇五年の優勝馬ハリケーンラン（父はモンジュー）は名伯楽アンドレ・ファーブルのもとで、同年の凱旋門賞と翌年のキングジョージを制覇している。また、〇六年のディラントーマスは新興のエイダン・オブライエン調教師のもとで同年と翌年の愛チャンピオンステークスを連覇し、その勢いで古馬として凱旋門賞も制覇した。

仏ダービー（ジョッキークラブ賞）を制する馬はかつてしばしば凱旋門賞で本命にあげられていた。じっさい、二〇〇三年のダラカニは両レースを勝っている。だが、〇五年以降、シャンティイ競馬場の特徴を考えて二一〇〇メートルに短縮されたせいか、凱旋門賞馬が出ていない。ただし、同距離の仏オークス（ディアヌ賞）を制した三歳牝馬のなかから、二〇〇八年のザルカヴァ、一三年のトレヴは凱旋門賞を制覇し、トレヴは翌年をも連覇した。

アメリカのクラシック戦線は、わずか五週間の間に、ケンタッキーダービー、プリークネスステークス、ベルモントステークスが相次いで行われるために、かなり過酷な三冠レースになっている。そのせいか、二〇〇二年のウォーエンブレム、一四年のカリフォルニアクロームなどのように二冠まではとれても、三冠まではいかない場合が多い。そもそも三冠レースのすべてに出走することが競走馬にとっては苦難である。

そのようななかで、一九七八年の三冠馬アファームド以来三七年ぶりに三冠馬が誕生した。二〇一五年のアメリカンファラオは、三冠それぞれを1馬身差、7馬身差、5馬身半差で楽勝し、さらに秋の祭典競馬の最高峰をなすブリーダーズカップクラシックをも6馬身半差で圧勝して、史上初のグランドスラム（三冠レースおよび同年のブリーダーズカップクラシックを制覇）をなしとげた。

二十世紀末から日本では種牡馬サンデーサイレンスの旋風が吹き荒れた。一九九五年以来、種牡馬ランキング首位の座を一三年間占め、その後も同馬の傑出した産駒が種牡馬となって

図27　ディープインパクト　2005年の日本ダービーをレースレコードタイで圧勝した．写真提供，共同通信社

今日にいたっている。その産駒の競走馬がすぐれた能力をもっていることから、この時期から日本の競馬は飛躍的に向上し、もはや世界の最高水準の域にあることは衆目の認めるところである。

しかし、血統の流れでみれば、一種牡馬あるいは同系統の種牡馬ばかりから傑出馬が輩出することは必ずしも望ましくはない。ときにはまったく系統の異なる傑出馬が出てくることが期待される。

その意味でも、二〇〇四年のNHKマイルカップとダービーを制した変則二冠馬キングカメハメハの存在は大きい。同馬は外国産馬エルコンドルパサーと同じくキングマンボの産駒であり、サンデーサイレンス系の血は一滴も入っていない。昨今の種牡馬ランキング首位をめぐって一年後輩のディープインパクトと接戦を演じているのは願わしいことでもある。

今世紀を語るうえで、なんといっても二〇〇五年のディープインパクトの出現はかけがえのないものである。新馬勝ち以来七戦無敗で三冠馬になり、四歳時にはGI戦を四勝して、生涯一四戦一二勝で種牡馬入りした。その後の活躍については、この数年連続で種牡馬ランキング首位の地位を占めつづけており、また名牝ジェンティルドンナをはじめ多数のGI馬を輩出している。まさしくサンデーサイレンスの最高傑作と讃えられる名馬である。

牝馬では二〇〇七年のダービー馬になったウオッカが注目される。クリフジ以来となる六四年ぶりの牝馬の勝利であり、同馬はマイルの安田記念二回、天皇賞（秋）、ジャパンカップなどGIレース七勝している。それとともに、ウオッカを脅かしつづけたダイワスカーレットも忘れがたい。桜花賞、秋華賞《しゅうかしょう》でウオッカを破り、翌〇八年の天皇賞（秋）では長期休養明けにもかかわらずウオッカと激戦の末、鼻差で負けたが、同年の有馬記念を逃げ切って圧勝、牝馬として三七年ぶりに栄冠を勝ちとった。

さらに、二〇一一年の三冠馬になったオルフェーヴルの出現は、勝つときの強烈な強さとともに、ディープインパクトにならぶ印象を競馬ファンの心に刻んでいる。

古馬をふくむ春の大レースとなると、ヨーロッパでは六月中旬のロイヤルアスコットが衆目の華である。五日間の開催中、プリンスオブウェールズステークスなどGIレースが多数あり、ヨーロッパ中の有力馬が出走する。

夏が近づくと、フランスではサンクルー大賞、イギリスではエクリプスステークスなどが強豪を集めるが、なんといっても注目されるのはアスコット競馬場のキングジョージであろう。三歳馬と古馬の精鋭が出走する前半戦の総決算であるが、かつては二〇〇一年のガリレオのように負担重量の軽い三歳馬が勝つ傾向があったが、近年は古馬の活躍が目立っている。なかでも、二〇一〇年のハービンジャーの11馬身差レコード更新の圧勝ぶりは歴史に轟く名馬の誕生を印象づけている。英ダービー馬ワークフォース、愛ダービー馬ケープブランコなどその年の有力馬が顔を揃《そろ》えた豪華メンバーだったが、並みいる実力馬を相手に末脚が爆発し、後方でもがく馬群の姿がなんとも心に残った。

ハービンジャーは凱旋門賞の不動の本命馬となっていたが、その前に調教中に骨折して引退、現在では日本に購入され、サンデーサイレンス系の血を含まない種牡馬として期待を集めている。なお、二〇一〇年の凱旋門賞を制したのはキングジョージ大敗組のワークフォースであり、そのとき頭差2着に迫ったのが日本馬ナカヤマフェスタであった。

アメリカでもオーストラリアでも前半戦にはGIレースがそれなりに備わっているが、後半戦のためのステップレースという印象は否めない。これらのなかで、アメリカ六歳牝馬ゼニヤッタは二〇一〇年のエクリプス賞（年度代表馬）に選出され、最優秀古馬牝馬には三年連続で選ばれており、通算成績二〇戦一九勝（うちGI一三勝）で引退した。

日本の競馬では、スプリント戦の高松宮《たかまつのみや》記念、マイル戦の安田記念、中距離戦の宝塚《たからづか》記念、長距離戦の天皇賞（春）などを備えており、かなり充実している感がある。安田記念では、一九九五年にUAE（アラブ首長国連邦）のハートレイク、二〇〇〇年の香港馬フェアリーキングプローン、〇六年の香港馬ブリッシュラックが優勝しているが、春季のほかのレースでは外国馬の優勝はまだない。

八月以降の後半戦になると、ヨーロッパでも、マイル戦線が充実してくる。グッドウッド競馬場のサセックスステークス、ドーヴィル競馬場のジャック・ル・マロワ賞、ロンシャン競馬場のムーラン・ド・ロンシャン賞、アスコット競馬場のクイーンエリザベス二世ステークスなどが目白押しである。

中距離戦のレースでは、ヨーク競馬場のインターナショナルステークス、レパーズタウン競馬場の愛チャンピオンステークス、アスコット競馬場（二〇一〇年まではニューマーケット競馬場）の英チャンピオンステークスなどが注目される。なかでも、近年では、十月半ばに開催されるチャンピオンデーには、マイルのクイーンエリザベス二世ステークスと一〇ハロン（約二〇〇〇メートル）の英チャンピオンステークスが同日に行われ、イギリス競馬の最後をしめくくっている。

さらにドイツのバーデンバーデン競馬場におけるバーデン大賞も目をはなせない。近年でも、二〇〇二年のマリエンバード、一一年のデインドリームなどがこれを勝って凱旋門賞をも制しているからだ。

ヨーロッパにおける秋競馬の頂点をきわめるのが凱旋門賞である。十月第一日曜日のロンシャン競馬場には五万人を超える観衆が集まり、馬齢・性別・距離に応じた数レースのGI戦がくりひろげられる。なかでも一マイル半のクラシック距離《ディスタンス》の凱旋門賞は世界中の注目を集める。軽重量に恵まれる三歳馬が勝つ傾向があり、二〇一三年の三歳牝馬トレヴは五歳馬オルフェーヴルを引き離して圧勝した。翌年も制して二連覇をなしたが、史上初の三連覇をめざすも果たせなかった。

古馬になってキングジョージと凱旋門賞を連勝するのは至難だが、近年では、二〇〇七年にエイダン・オブライエン厩舎の四歳馬ディラントトーマスが両レースを制している。

長距離レースではドンカスター競馬場のセントレジャーが三冠最後のレースとして辛うじて権威をたもっている。各国ダービー馬がこのレースをめざすのは稀であり、近年では長距離レースが重視されなくなっている。

ヨーロッパの競馬は十月で主要なレースは終了する。このために、秋が深まるとオリビエ・ペリエをはじめとしてヨーロッパの一流騎手が来日して短期免許で日本の競馬に騎乗する機会がふえている。なかでも、ミルコ・デムーロ騎手とクリストフ・ルメール騎手は二〇一五年春から日本の騎手免許を取得し、一年を通じて日本の競馬で活躍している。

アメリカ大陸に目を移せば、年の後半には、重要なレースが少なくない。とくに、サラトガ競馬場の三歳馬限定のトラヴァーースステークスは衆目を集める。二〇一五年にはあの三冠馬アメリカンファラオすらキーンアイスの¾馬身差の2着に泣いた。芝レースでは八月のアーリントン競馬場のアーリントンミリオンステークス、十月のウッドバイン競馬場のカナディアン国際ステークスは海外からの馬も出走して華やかである。

しかし、なんといっても、十月末あるいは十一月初めに開催されるブリーダーズカップ（BC）シリーズはアメリカのみならず世界の競馬の祭典として圧巻である。開催地は毎年持ち回りであり、ダートあるいは芝のコース別、馬齢、性別、距離別のGⅠ十数レース（二〇一五年は全一三レース）が二日間にわたってくりひろげられる。

なかでも芝コースの最高峰一マイル半のBCターフとダートコースの最高峰一〇ハロン（約二〇〇〇メートル）のBCクラシックは、賞金額の高さでも出走馬の質の高さでも、世界中から注目されている。BCターフでは、イギリス馬コンデュイットの活躍が目立つ。同馬は名伯楽マイケル・スタウトの管理下で三歳時にセントレジャーに優勝したのちBCターフを制し、翌年にはキングジョージを勝ち、BCターフ連覇を果たして競馬の本場の力を誇示した。

BCクラシックは全米最強馬を決めるレースとして世界中の熱い視線をあびている。しかし、連覇するのは至難のことらしい。これまで一九八四年の創設以来、二〇〇〇年と翌年の三歳・四歳時にティズナウが連覇しただけである。あのゼニヤッタが、〇九年のBCクラシックをふくむ一九戦全勝の翌年、六歳牝馬として最後のレースに選んだのがBCクラシックであった。一二頭中の出走馬の最後方から追走し最終コーナーから猛然と追い込んだが、四歳牡馬ブレイムに頭差届かず2着に泣いた。チャーチルダウンズ競馬場は言いようのない空気につつまれていたという。

ほかでは芝のBCマイルにおいて、二〇〇八–一〇年にペリエ騎乗のフランス馬ゴルディコヴァが三連覇をなしとげ、史上初の偉業として喝采をあびている。

南米ではアルゼンチン競馬のレヴェルが高く、なかでも十二月中旬にサンイシドロ競馬場で行われる二四〇〇メートルのカルロス・ペレグリーニ大賞は最強馬決定戦として注目されている。

南半球のオーストラリアでは、十月および十一月にGIの大レースが相次いで行われる。中距離では、コーフィールド競馬場のコーフィールドカップ、ムーニーヴァレー競馬場のコックスプレートの格式が高い。十月末から十一月初めにかけては、フレミントン競馬場が祭典の趣きがある。三歳馬の中距離レースではヴィクトリアダービーとヴィクトリアオークスがあり、注目を集める。だが、なんといっても競馬ファンのみならず国民の耳目を集めるのは最高賞金のメルボルンカップであろう。近年ではときどき日本馬も参戦するが、二〇〇六年には、菊花賞馬デルタブルースが五歳時に遠征して優勝し、2着にも日本馬ポップロックが入って日本のステイヤー路線の質の高さを示唆するものになった。

アジアでは、香港とシンガポールが目立っている。とくに香港では、春季にもシャティン競馬場のクイーンエリザベス二世カップという中距離レースがあるが、華やかなのは十二月に同じくシャティン競馬場で開催される祭典競馬である。二〇〇〇メートルの香港カップを筆頭に、一マイル半の香港ヴァーズ、香港マイル、香港スプリントのGI四レースがあり、近年では日本馬の遠征もくりかえされている。二〇〇一年には外国産馬でも日本調教馬のアグネスデジタルが香港カップを勝ち、一五年にはディープインパクト産駒エイシンヒカリが制覇した。同年には安田記念とマイルチャンピオンシップを勝ち、勢いにのって香港マイルをも制したモーリスが日本の年度代表馬に選出されたことは記憶に新しい。

さて、最後になるが、日本の秋競馬についてふれておきたい。日本では、イギリスのセントレジャーにならった三冠最後の長距離GIレースの菊花賞があり、三歳牝馬には秋華賞も一九九六年に新設された。

今世紀になってディープインパクトとオルフェーヴルという類稀な能力をもつ三冠馬を輩出したことはくりかえすまでもない。牝馬でも一九八六年のメジロラモーヌ（秋華賞が創設されていないのでエリザベス女王杯で数える）、二〇〇三年のスティルインラブ、一〇年のアパパネ、一二年のジェンティルドンナが牝馬三冠を制している。勢いにのるジェンティルドンナは同年のジャパンカップであのオルフェーヴルを鼻差斥けて制するという快挙をなした。

秋のGI戦線は、王道の天皇賞（秋）、ジャパンカップ、有馬記念があり、この根幹レースに加えて、スプリンターズステークスとマイルチャンピオンシップが距離別の頂点に立っている。ほかにも、牝馬限定のエリザベス女王杯、二歳馬（牡・牝）のための朝日杯フューチュリティステークスと二歳牝馬のための阪神ジュベナイルフィリーズがある。

天皇賞（秋）では、二〇〇八年のウオッカとダイワスカーレットという同世代の名牝による壮絶な鼻差の激戦が心に残る。また、一三年のジャスタウェイが名牝ジェンティルドンナを突き放して制したことは、翌春のドバイデューティフリーで並みいる海外の強豪を斥けて圧勝する底力を暗示するものだった。同馬はこのパフォーマンスにより二〇一四年の世界ランキング一位という評価を与えられたのである。

ジャパンカップは日本馬の能力が飛躍的に向上した二十世紀末以降、今世紀になって二〇〇二年のイタリア馬ファルブラヴと〇五年のイギリス馬アルカセットしか外国馬は優勝していない。両馬とも世界の名手ランフランコ・デットーリの騎乗だったことが印象深い。牝馬三冠のジェンティルドンナは二〇一二年と一三年のジャパンカップを勝って史上初の連覇を果たし、翌年も挑戦したが三連覇はならなかった。

外国馬の力といえば、ジャパンカップよりもむしろ、二〇一〇年と翌一一年にエリザベス女王杯に出走し連覇したイギリス牝馬スノーフェアリーがムーア騎乗で演じた信じがたい豪脚である。さすがに英オークス馬の底力は半端ではないと思わせるものだった。

秋の海外遠征馬が多くなっているために王道三レースにすべて出走するという実力馬は少なくなっている。そのために最後の有馬記念の出走馬の充実がはかられているようだ。1着賞金が二〇一六年よりジャパンカップ同様に三億円に増額され、競馬ファンのみならず国民大衆の年末行事として期待されているのだろう。近年のレースでは、〇八年のダイワスカーレットが逃げ切りで快勝した場面が心に残り、また一三年のオルフェーヴルがまるで凱旋門賞連年2着の憂さを晴らすかのような8馬身差の圧勝で有終の美を飾ったことが印象深い。名馬とは記録のみならず記憶に残るものだと思わされたのだ。

エピローグ

イギリス人は馬に賭ける人をパンター（punter）と呼ぶ。ギャンブラーと言うことは滅多にない。パンターという呼び名は、ハンター（狩人《かりゅうど》）を連想させて、いささか滑稽な響きがある。このパンターが狙うのはだいたい大きな獲物である。だから、大きな獲物にありつけないようなものにパンターは近づかない方がいい。

一九九〇年（平成二年）、私は一年間の在外研究期間をいただきロンドンに滞在した。平日は文書館通いのデスクワークだが、週末になると競馬場に出向いてのフィールドワークだった。ほとんど日本での日々と変わりなかったわけだ。

このころ、最高の勝ち鞍・勝率・獲得賞金を誇り、生きて伝説化していた調教師がいた。どこか謎めいて哲学者の風貌をしたヘンリー・セシル師である。この調教師の管理馬が名手スティーブ・コーゼンを背に出走してきたときには、必ず人気になる。なるほど、勝利の確率は高いが、馬券が的中しても配当は少ない。この組み合わせの馬券は外す。それがパンターたらんとする者の鉄則なのだ。

そのころのイギリスでは、ときどきステイブル・オープンデー（厩舎開放日）があり、なんと幸いにも五月中ごろの日曜日、あのセシル師の厩舎が初めて開放されたのである。ニューマーケットまで出かける価値がある、と思ったのは私だけではない。数多くの人々がそこを訪れ、にぎわっていた。

そこで注目の三頭の馬に出会った。六月初めのダービーを控えて、一頭は本命視されている三戦三勝のラジーンであり、もう一頭は前哨戦を快勝しながら故障に泣いていた本来の本命馬ベルメッツである。さらに、古馬最強といわれていた前年の仏愛ダービー馬オールドヴィックもいた。驚くべきことに、二週間後にダービーがあるというのに、本命視されている大種牡馬ノーザンダンサー産駒のラジーンの鼻面を撫《な》でても誰もとがめに来ないのである。大一番を前に張りつめた緊張感などどこにもなかった。ベルメッツはどことなく痛々しそうだったが、オールドヴィックは俺が一番と言わんばかりだった。

このとき、セシル師と一言だけ言葉を交わす機会があった。「いつかジャパンカップにあなたの馬を連れてきてください」と頼んだら、彼は「シュア（きっと）」と軽く微笑《ほほえ》みながら答えた。

これはたんなる社交辞令だろうと思ったのだが。

ところで本番のダービーだが、ラジーンは大敗し馬群に消えた。ところが、七月末のイギリス競馬の最高峰キングジョージでは、故障から立ち直ったベルメッツが僚友オールドヴィックを斥けて優勝してしまう。また、この年の凱旋門賞を優勝したのはソーマレズという馬だった。なんと同馬は六月までセシル厩舎にいたのだが、馬主の都合でフランスに移籍したばかりだった。あの厩舎訪問の日に、ひっそりと目立たない馬の一頭だったのだ。卓越した調教師ヘンリー・セシルの凄腕にあらためて感じさせられた。

さらに、驚くべきことに、十一月末のジャパンカップにセシル師のベルメッツが参戦したのである。あの「シュア」と微笑んだ言葉は社交辞令ではなかったのだ。セシル師の胸中には管理馬のどれかの調子を見ながらジャパンカップに出走させようという思いがあったにちがいない。それを知ったとき、私の胸にはこみ上げてくるものがあった。あいにくジャパンカップのベルメッツは7着に敗退してしまったが、セシル師が日本の競馬にどんな印象をいだいたか、訊《き》きたい思いだった。

それから長い歳月を経て、その日は雨こそ降らなかったが、空はどんよりとしていた。二〇一二年（平成二十四年）十月二十日、アスコット競馬場でチャンピオンステークスを観戦したのだ。この日は、ヨーロッパのみならず世界における今世紀最強マイラーといえるフランケルの最後のレースだった。同日にあるマイルのクイーンエリザベス二世ステークスは昨年制覇していたので、フランケルは敢然と距離を伸ばして一〇ハロン（約二〇〇〇メートル）のチャンピオンステークスに挑戦してきた。ゴールが近づいて同馬が他馬を引き離しにかかるとスタンドは満場に割れんばかりの歓声が轟いた。生涯一四戦全勝（うちGⅠ一〇勝）、2着馬につけた着差の合計76馬身¼だから、言葉も出ない。エリザベス女王臨席のなかでの比類のない感動的な場面だった。たぶん、二十世紀のイギリス（アイルランドをふくむ）最強馬と見なされているブリガディアジェラードの引退レースも同じような雰囲気だったのではないだろうか（一六一頁参照）。

このフランケルの調教師こそ、かつて名伯楽の名をほしいままにしていたヘンリー・セシル師である。ドバイのシェイク・モハメド殿下の率いるゴドルフィン・チームの素質馬を一手に預かっていたこともあり、その調教師としての実績は卓越していた。だが、いかなる理由にせよ、二十世紀末にはゴドルフィン・チームと袂《たもと》を分かち、その実績に翳《かげ》りが見えて久しかった。すでに「サー」の敬称で呼ばれる数少ない調教師だったが、最強馬フランケルの登場でセシル師は「さすが」と思わせる名伯楽の輝きをふたたび放ったのである。

翌年、彼は七十歳で逝去したが、イギリス調教師ランキングの首位に輝くこと一〇回、イギリスのクラシック競走では二五勝しているのだから、まさに驚嘆である。セシル師こそまぎれもなく孤高の人だった。

ところで、フランケルが最後に出走したレースの二週間前、パリのロンシャン競馬場で凱旋門賞を観戦した。日本馬のオルフェーヴルが抜け出し、あわや勝つと思われたとき、内側に残っていたソレミアに差し返され惜敗した。パリの留学生たちと目を合わせて喜んだのも束の間のことだった。クリストフ・スミヨン騎手の早すぎる追い出しが裏目に出たレースだった。おそらく同騎手自身がそれを誰よりも自覚していただろうし、オルフェーヴルの強さを肌身で感じていたにちがいない。

翌日の新聞報道によれば、レース後、スミヨン騎手は「オルフェーヴルを二週間後のチャンピオンステークスに参戦させてほしい。彼ならフランケルに勝てる力がある」と高揚しながら語っていたという。もちろん凱旋門賞に全力投入してきたオルフェーヴル陣営にとってはできない相談だったが、それほど同馬の能力がきわだっていたのだ。もしオルフェーヴルが凱旋門賞を捨てて全力投入でチャンピオンステークスに臨んでいたら、どうなっていただろうか。あのエリザベス女王の満面笑みを浮かべてはしゃいでいた姿はなかったかもしれない。そんなことを想像できるのも、馬券を離れて競馬を楽しめるファンの特権なのだろうか。

二十一世紀になって、日本の競走馬の能力は著しく向上してきた。バブル経済で膨らんだ資金で、サンデーサイレンスをはじめ欧米の最強クラスの種牡馬を買い集めたこともある。

また、調教技術が勘というよりも理路整然とした知識の蓄積にもとづくものになったこともある。競走馬の育成についても同じようなことが言える。騎手についてだけ相互の競走意識が希薄であり、外国人騎手にまだ及ばないと批判されることがある。たしかに改善すべき余地は少なくないが、日本人特有の「和」の精神を失うのがいいとばかりは言い切れない。グローバル化の世界だからこそ和魂洋才がきわだつ。

いずれにしろ、ディープインパクトやオルフェーヴルのような馬なら、世界の最強クラスにあることは明らかである。競馬は芝コースかダートコースか、芝なら草の深さがどれほどなのか、あるいは競馬場の形態の差異、平坦か坂道かなど各国それぞれに異同があり、歴史がある。どの馬にとっても走りなれたホームコースを走るのがいいに決まっている。異国のアウェイのコースを走れば不利をまぬがれないのだ。

日本馬が海外のGIレースを勝ってから二〇年近くも経つ。だが、今なお最高峰にあるキングジョージ、凱旋門賞、ブリーダーズカップなどは制覇できないでいる。それとともに、欧米の有力馬も近年ではジャパンカップを勝てないばかりか、5着までの掲示板に載れば上出来という有様である。能力が拮抗《きっこう》してきたので、ホームでやるかアウェイでやるかで決定的な差が出てきたのだ。

野球やサッカーばかりが国際的な視野で比較されやすいが、日本の競馬のレヴェルはもはや野球やサッカー以上に世界レヴェルにある。この事実は長年の競馬ファンには周知のことだが、一般の世間ではどれほど知られているかどうか。生身の生き物である馬がアウェイの地で走るのだから、馬が感じる負担がどれほどのものか、計り知れない。だからこそ、競馬に携わる人々が知恵をしぼって挑戦し不利な条件を克服していく。そこに国際化の進む現代にあって、競馬の大きな課題があると言える。本書はなによりもこの課題を歴史の流れのなかで自覚するために書かれたような気がする。

「競馬の世界史」と銘を打っておきながら、本書では平地競走ばかりで障害レースやトロットレース（繋駕《けいが》競走）についてはふれていない。欧米ではそれなりに盛んであるし、筆者自身も現場でそれらを観戦したこともある。リヴァプールで障害レースの華、グランドナショナルも見たし、パリでもミラノでもトロットレースを見たこともある。だが、平地競走を見慣れた者にはいささかスピード感と迫力に欠ける嫌いがある。

イギリスなどでは冬季にはことさら障害レースが注目を集めている。さかのぼれば、障害レースは狩猟活動の延長上に生まれてきた。ある意味では、平地競走よりもその起源は古い面もある。だが、競馬は「速度」という観念をより鮮明に意識するなかで生まれたのであり、その狭義にしぼって「競馬の世界史」を語らせてもらった。それが今日における日本人の競馬観にかなっており、紙面の制約もあって、広義の「競馬の世界史」までいたらなかった。もちろんそこには筆者の力量の限界もあることは否めないのだが。

もうひとつ断っておきたいことがある。周知のごとく、日本では中央競馬と地方競馬の二重構造になっている。芝コースを中心とする中央競馬とダートコースを主流とする地方競馬がある。昨今では交流レースもあるが、概して言えばダート馬でも中央所属馬が勝つことが少なくない。かつてはハイセイコーやオグリキャップのような地方所属馬だったのに、あまりの強さに中央に移籍した馬もいる。そのような二重構造の不自然さはしばしば指摘されるが、紙面の制約と筆者の力量もあって、中央競馬にのみ言及するにとどめた。地方競馬に携わる方々と地方競馬ファンにはあらためてお詫びしておきたい。

あとがき

若いころから競馬に魅せられたせいだろうか、人間世界における馬の役割は気になるところだった。十数年前に、大学の講義で「人類史における馬」をテーマにとりあげ、やがて『馬の世界史』（講談社現代新書。現在は中公文庫）という形で結実した。

そのころから、いつか『競馬の世界史』を書きたいという思いもあった。私の本業は西洋古代史だから、そんな趣味に類する作品は後回しにして、いずれ手掛ければいいと思っていた。ところが、昨年から日本にいながら海外の主要な大レースの馬券を購入できるという信じがたいニュースが流れてきた。その種の報道を聞いているうちに、『競馬の世界史』を書くなら「今でしょ！」という気になった。それが本書を書く出発点だった。

専門分野となるとどこか身構えるせいか、一冊の本を書くのに数年を要することがある。たとえば、拙著『帝国を魅せる剣闘士』（山川出版社）を仕上げるのには二〇年の歳月が必要だった。ところが、好みの趣味になると気負いがなくなるのだろうか、本書を書きあげるには一〇〇日ほどで十分だった。もちろん参考にする資料や文献が手元にそろっていたこともある。馬や競馬をめぐる本だけで本棚一つ以上が埋まっているのだから、あとは気力次第というわけだ。競馬になぞらえれば、牧場での調整は終わっており、あとはレースに向けて仕上げの調教をするという状態だった。

競馬の歴史について世界史規模でふりかえるなどとはずいぶん大胆なことをやったものだと思う。でも、競馬の先進地域である欧米の競馬場にはこの三十数年来しばしば足を運んでいたから、その経験のせいで具象的なイメージを作りながら筋道を立てることができたような気がする。

『馬の世界史』執筆時には、「書くのが楽しかった」と記したことがある。それに比べれば、『競馬の世界史』は「もっと楽しみながら書いた」と言っておきたい。趣味で書くのはほとんどストレスにならないのだろうか。いささか大袈裟《おおげさ》だが、どこか趣味のライフワークをやり遂げた安堵感《あんどかん》がある。

本書の執筆にあたっては前の『世界史の叡智』二作と同様に、中公新書編集部の並木光晴氏にお世話になった。本書は競馬ファンのみならず一般の読者にも読みやすいものにしようとしたが、それがいくらかでも実を結んでいるとすれば、編集者の助言によるところが大きい。あらためて感謝の辞を述べておきたい。

二〇一六年七月吉日

本村凌二

主要参考文献

石川ワタル『世界名馬ファイル　バイアリータークからラムタラまで』光栄、一九九七年
武市銀治郎『富国強馬　ウマからみた近代日本』講談社選書メチエ、一九九九年
立川健治『文明開化に馬券は舞う　日本競馬の誕生（競馬の社会史1）』世織書房　二〇〇八年
日本中央競馬会『日本中央競馬会60年史』日本中央競馬会、二〇一五年
萩野寛雄『「日本型収益事業」の形成過程　日本競馬事業史を通じて（早稲田大学博士論文）』二〇〇四年
馬事文化財団編『英国ジョッキークラブ秘蔵　競馬絵画展』馬事文化財団JRA競馬博物館、二〇一四年
本村凌二『馬の世界史』講談社現代新書、二〇〇一年（中公文庫、二〇一三年）
山野浩一『サラブレッドの誕生』朝日選書、一九九〇年
吉沢譲治『競馬の血統学　サラブレッドの進化と限界』日本放送出版協会、一九九七年
『日本の競馬総合ハンドブック』中央競馬振興会、二〇〇一－二〇一六年
ピエール・アルヌー（野村圭介訳）『競馬』文庫クセジュ、一九七五年

レイ・ヴァンプルー、ジョイス・ケイ（山本雅男編訳）『英国競馬事典』競馬国際交流協会、二〇〇八年

エイブラム・S・ヒューイット（佐藤正人訳）『名馬の生産　世界の名生産者とその方式』サラブレッド血統センター、一九八五年

アーサー・フィッツジェラルド、マイケル・セス・スミス（草野純訳）『凱旋門賞の歴史 1920～1951』競馬国際交流協会、一九九五年

アーサー・フィッツジェラルド『凱旋門賞の歴史 1952～1964』競馬国際交流協会、一九九六年

同『凱旋門賞の歴史 1965～1982』競馬国際交流協会、一九九七年

ウィリアム・H・P・ロバートソン（鈴木豊雄、佐藤長秀訳）『アメリカ競馬史』中央競馬振興会、二〇〇二年

ロジャー・ロングリグ（原田俊治訳）『競馬の世界史』日本中央競馬会弘済会、一九七六年

Peter Bromley, *My Most Memorable Races*, (London/Melbourne/Auckland/Johannesburg: Stanley Paul) 1988.

Michael Church, *The Classic Pedigree 1776-1988*, (London: Racing Post) 1990.

Gerald Hammond, *The Language of Horse Racing*, (Manchester: Carcanet Press Limited) 1992.

Anne Holland, *Stride by Stride: The Illustrated Story of Horseracing*, (London: Queen Anne Press) 1989.

Trevor Marmalade & Jim McGrath, *Great Racetracks of the World*, (Melbourne/London: hardie grant

books）2013.
Tony Morris, *Thoroughbred Stallions,*（Swindon: Crowood Press）1990.
Andrew Sim, *English Racing Stables,*（Addlestone: Dial Press）1993.
Michael Stoffregen-Büller, *Pferdewelt-Europa,*（Münster: Aschendorff）2003.
John White, *The Racegoers' Encyclopedia,*（London: HarperCollins Publishers）1992.

写真引用文献

Anne Holland, *Stride by Stride: The Illustrated Story of Horseracing*, (London: Queen Anne Press) 1989 ……図1、図3、図8、図10、図17、図18、図22

石川ワタル『世界名馬ファイル　バイアリータークからラムタラまで』光栄、一九九七年……図4、図5、図6、図7、図12、図15、図20、図21

馬事文化財団編『英国ジョッキークラブ秘蔵　競馬絵画展』馬事文化財団JRA競馬博物館、二〇一四年……図9、図11

ウィリアム・H・P・ロバートソン（鈴木豊雄、佐藤長秀訳）『アメリカ競馬史』中央競馬振興会、二〇〇二年……図13、図14

ロジャー・ロングリグ（原田俊治訳）『競馬の世界史』日本中央競馬会弘済会、一九七六年……図16、図19

用語ノート

（編集部作成）

［ア］

あおげ【青毛】　馬の毛色で、濃い青みを帯びた黒色。
あしげ【芦毛】　馬の毛色で、灰色。年を重ねるにつれて白くなっていく。
あぶみ【鐙】　鞍《くら》の付属具で、騎手が自分の体を安定させるために踏むもの。

［ウ］

ウイナーズサークル【ウイナーズサークル】　レースの優勝馬とその関係者を表彰する区画のこと。
うまれん【馬連】　馬番連勝複式の略。1着と2着になる馬の馬番号の組み合わせを的中させる馬券の買い方。組み合わせとして当たっていればよく、1着と2着の着順は問わない。

［オ］

おう【追う】　騎手が手綱を押したり、鞭《むち》を入れたりして馬を走る気にさせること。
おもばば【重馬場】　雨などのため水分を多く含んだ状態の馬場。

［カ］

かげ【鹿毛】 馬の毛色で、鹿の毛のような茶褐色。

かんぽ【完歩】 馬の歩幅のこと。

［キ］

きゃくぶふあん【脚部不安】 競走馬の脚に不調があり、競走能力を十分発揮できない状態であること。

きゅうしゃ【厩舎】 競走馬を預かって訓練し、レース出走の世話をするところ。

［ク］

くら【鞍】 馬の背中に置いて人を乗せるもの。

くらべうま【比べ馬】 複数の馬を走らせて勝敗を競った行事。古来、日本では天下泰平や五穀豊穣を祈願した。

くりげ【栗毛】 馬の毛色で、黄褐色。

くろかげ【黒鹿毛】 馬の毛色で、黒みがかった鹿毛。

［ケ］

けいじばん【掲示板】 レース結果を示す電光掲示板のこと。1着から5着までが表示されることから、5着以内に入ることを「掲示板に載る」、6着以下になることを「掲示板をはずす」という。

〔コ〕

こうちゃく【降着】　レース中に他馬の走行を妨害した馬について、ペナルティーとして実際の入線順位より繰り下げた着順とすること。

こば【古馬】　四歳以上の成熟した馬。

〔サ〕

さんく【産駒】　ある父馬（または母馬）から生まれた馬のこと。

さんさいば【三歳馬】　クラシックレース（ダービー、オークスなど）に出走できる年齢の若駒。競走馬は、生まれた年を〇歳とし、一月一日を迎えるたびに一歳ずつ年齢を重ねる。

さんぱくりゅうせい【三白流星】　四本の脚のうち三本の脚先が白く、額に白い流星が流れている馬のこと。馬の額にみられる白斑を「星」とよび、星が鼻筋方向に流れているものが「流星」。

〔シ〕

しゅつばひょう【出馬表】　競馬において、各レースに出走する馬の情報を一覧表形式にまとめたもの。

しゅぼば【種牡馬】　父馬として子を残すため用いられる馬。競走成績が優秀だった馬、血統のよい馬が選ばれる。

じゅんち【馴致】　競走馬としてデビューするために必要なトレーニング。

しょうぶふく【勝負服】　騎手がレースに騎乗する際に着用する服。デザインは馬主ごとに決められている。

ジーワン【GⅠ】 競馬において最高の格付けのレース。高額賞金をかけて行われる重賞は、グレード(Grade)の頭文字を用いて、上位から順にGⅠ、GⅡ、GⅢの三段階に格付けされている。

シンジケート【シンジケート】 種牡馬に関して組織される株主の集まりのこと。種牡馬の種付け権を株に分割し、シンジケートの構成員が出資額に応じて株を所有する。

［セ］

ぜんてい【全弟】 父親も母親も同じである弟のこと。サラブレッドの場合、同じ母親から生まれた馬たちだけを兄弟とよぶ。母親は同じだが父親が異なる場合は半兄弟。

［ソ］

そうてい【装蹄】 馬の蹄《ひづめ》の摩滅を防ぐため、金属製の蹄鉄をつけること。

［タ］

タイレコード【タイレコード】 それまでの最高記録と同じ記録。

たたきあう【叩き合う】 レースのゴール前で、騎手どうしが騎乗馬に鞭《むち》を入れて競り合うこと。

ダートコース【ダートコース】 競馬で、細かい土または砂を敷きつめてつくった走路。

ターフビジョン【ターフビジョン】 競馬場内に設置された、レース映像を映し出す大型ディスプレイ。

たんしょう【単勝】 1着馬を当てる馬券の買い方。

［チ］

ちょくふけい【直父系】 父方の血統。「父系」と同じ。

［ト］

トライアルきょうそう【トライアル競走】 本戦（とくに三歳ＧⅠ）への優先出走権を獲得するために出走するレース。

［ナ］

ながえ【轅】 馬車などの前方に長く突き出ている二本の棒。

［ニ］

にゅうせん【入線】 レースで馬がゴール（決勝線）に到達すること。降着や失格になった馬がいた場合、入線順位と着順が異なってくる。

［ハ］

はくちょう【白徴】 馬の頭や脚先の白い毛の部分。

ばじょうやりじあい【馬上槍試合】 中世からルネサンス期にかけて西欧で流行した、騎士の技量を争う競技会。

はつばそうち【発馬装置】 レースで全頭が一斉にスタートを切ることができるための装置。

パドック【パドック】 出走馬の下見所。レース前、パドックを周回する馬の状態を観察できる。

ばぼう【馬房】 長屋風の小屋を仕切った、馬一頭が入る区画。

ハンデキャップ【ハンデキャップ】 ハンデキャップ競走で各馬が負担する重量。出走各馬に等しく勝つチャンスを与えるため、競走成績や最近の調子などを参考に、馬の能力に応じて重量を増減させる。

［フ］

ブルーグラス【ブルーグラス】 馬が好んで食べるイネ科の牧草。

［ヘ］

ペースメーカー【ペースメーカー】 逃げや先行策をうち、レースの流れをつくる出走馬のこと。海外のビッグレースでは、主役馬にとってレース展開が有利になるよう、同馬の陣営がペースメーカーを用意することがある。

［ホ］

ほよう【歩様】 馬の歩きぶり。後脚の踏み込みの強さ、前脚の出方のスムーズさなど、全体的な感じをいう。

［マ］

マイラー【マイラー】 一マイル（一六〇〇メートル）前後の距離のレースを得意とする馬。

［ミ］
ミエスク（Miesque） 167
ミスターシービー（Mr. C.B.） 215, 216
ミスタープロスペクター（Mr. Prospector） 190
ミノル（Minoru） 143
ミホノブルボン（Mihono Bourbon） 218
ミルリーフ（Mill Reef） 161, 162

［ム］
ムシーア（Muchea） vii

［メ］
メアジードーツ（Mairzy Doates） 214
メイショウドトウ（Meisho Doto） 221
メジロアサマ（Mejiro Asama） 217
メジロティターン（Mejiro Titan） 217
メジロマックイーン（Mejiro McQueen） 217, 218
メジロラモーヌ（Mejiro Ramonu） 237

［モ］
モーリス（Maurice） 237
モンジュー（Montjeu） 163, 168, 221, 227

［ラ］
ライスシャワー（Rice Shower） 218
ラウンドテーブル（Round Table） 181
ラグーザ（Ragusa） 159
ラジーン（Razeen） 242
ラス（Lath） 38
ラフィアン（Ruffian） 190
ラムタラ（Lammtarra） 164

［リ］
リファール（Lyphard） 164
リボー（Ribot） 160, 168
リライアンス（Reliance） 166, 167

［ル］
ルコント（LeComte） 124-126

［レ］
レガリア（Regalia） 96
レキシントン（Lexington） 118, 124-126, 128-130
レファレンスポイント（Reference Point） 164

［ロ］
ロックオブジブラルタル（Rock of Gibraltar） 226
ロードライオン（Lord Lyon） 73
ロワジロンド（Roi Gironde） vii

［ワ］
ワイルドエア（Wildair） 68
ワカタカ（Wakataka） 207
ワークフォース（Workforce） 227, 231

［ヒ］
ヒルライズ（Hill Rise） 183
ヒンドスタン（Hindostan） 212

［フ］
ファッション（Fashion） 124
ファーラップ（Phar Lap） 197, 198
ファルブラヴ（Falbrav） 238
ファロス（Pharos） 152
フィッシャーマン（Fisherman） 94
フィフィネラ（Fifinella） 143
フィーユドレール（Fille de l'Air） 107
フェアリーキングプローン（Fairy King Prawn） 232
フォーアバラー（Faugh-a-Ballagh） 104
フジキセキ（Fuji Kiseki） 220
プライアム（Priam） 94
フライングチルダーズ（Flying Childers） 36, 38
フランケル（Frankel） 226, 243-245
ブリガディアジェラード（Brigadier Gerard） 161, 162, 167, 244
ブリジット（Bridget） 60
フーリッシュプレジャー（Foolish Pleasure） 190
ブリッシュラック（Bullish Luck） 232
プリティポリー（Pretty Polly） 143
ブレイム（Blame） 235
プレザントリーパーフェクト（Pleasantly Perfect） 224

［ヘ］
ペイザバトラー（Pay the Butler） 216
ベイヤード（Bayardo） 143, 145, 155
ベーリング（Bering） iv
ベルメッツ（Belmez） 242, 243
ヘロド（Herod） 34, 40, 45, 51
ヘンリー（Henry） 120-123
ヘンリーザナヴィゲーター（Henrythenavigator） 226

［ホ］
ホウヨウボーイ（Hoyo Boy） 214
ボストン（Boston） 124, 126
ポップロック（Pop Rock） 236
ホーリックス（Horlicks） 216
ポールジョーンズ（Paul Jones） 175
ボールドルーラー（Bold Ruler） 181, 183, 185

［マ］
マイスワロー（My Swallow） 161, 162
マスケット（Musket） 131
マッチェム（Matchem） 38, 40, 51, 68
マームード（Mahmoud） 147
マヤノトップガン（Mayano Top Gun） 218
マリエンバード（Marienbard） 233
マルゼンスキー（Maruzensky） 161, 214
マンノウォー（Man o' War） 175, 176, 178-180, 183, 185

トレヴ（Treve） 228, 233

［ナ］
ナカヤマフェスタ（Nakayama Festa） xi, 227, 231
ナシュア（Nashua） 180
ナシュワン（Nashwan） 164
ナスルーラ（Nasrullah） 147, 162, 180, 182
ナリタブライアン（Narita Brian） 218

［ニ］
ニアークティック（Nearctic） 163, 183
ニジンスキー（Nijinsky） 160, 162, 165, 184, 191, 214, 225

［ネ］
ネアルコ（Nearco） 152-154, 162, 163, 168, 180, 182, 183
ネイティヴダンサー（Native Dancer） 180
ネヴァーベンド（Never Bend） 162

［ノ］
ノガラ（Nogara） 152
ノーザンダンサー（Northern Dancer） 162-164, 183, 184, 191, 242
ノーザンテースト（Northern Taste） 184
ノーフォーク（Norfolk） 128, 129

［ハ］
バイアリーターク（Byerley Turk） 34, 39, 40, 45, 68
ハイシャパラル（High Chaparral） 227
ハイセイコー（Haiseiko） 185, 213, 248
ハイフライヤー（Highflyer） 45, 46, 54
ハイペリオン（Hyperion） 145-147, 155
ハクチカラ（Haku Chikara） 211
バステッド（Busted） 159
パーソロン（Partholon） 215
バックパサー（Buck Passer） 185, 193
ハーツクライ（Heart's Cry） 225
バードキャッチャー（Birdcatcher） 103, 104
ハードタック（Hard Tack） 178
パートナー（Partner） 34
ハートレイク（Heart Lake） 232
バートレッツチルダーズ（Bartlet's Childers） 36
パドレポンス（Pas de Reponse） vi
ハービンジャー（Harbinger） 231
バブルガムフェロー（Bubble Gum Fellow） 220
バーラム（Bahram） 147
ハリーオン（Hurry On） 145
ハリケーンラン（Hurricane Run） 227
ハリーバセット（Harry Bassett） 129
バリモス（Ballymoss） 159
ハワイ（Hawaii） 199
パントレセレブル（Peintre Cerebre） 168

［セ］
セクレタリアト（Secretariat）185, 186, 189, 191
ゼニヤッタ（Zenyatta）231, 235
セプター（Sceptre）142
セントサイモン（St. Simon）97-99, 101, 102, 142, 149, 168
セントライト（St. Lite）209

［ソ］
ソーマレズ（Saumarez）243
ソレミア（Solemia）245

［タ］
ダイアモンドジュビリー（Diamond Jubilee）142
ダイオメド（Diomed）61, 116, 119
タイキシャトル（Taiki Shuttle）vi, viii-xi, 219
ダイヒムダイアモンド（Dyhim Diamond）vi
ダイワスカーレット（Daiwa Scarlet）230, 237, 238
タガリー（Tagalie）143
タケシバオー（Takeshiba O）212
タケホープ（Take Hope）185, 213
ダーバー（Durbar）149
タマモクロス（Tamamo Cross）216
タヤスツヨシ（Tayasu Tsuyoshi）220
ダラカニ（Dalakhani）227
ダーレーアラビアン（Darley Arabian）35, 36, 39, 40, 68
ダンキューピット（Dan Cupid）166
ダンシングブレーヴ（Dancing Brave）iv, 164, 167, 200
ダンチヒ（Danzig）191

［テ］
テイエムオペラオー（T.M. Opera O）221
ティズナウ（Tiznow）235
ディープインパクト（Deep Impact）xi, 229, 230, 236, 237, 246
ディラントーマス（Dylan Thomas）227, 233
デインドリーム（Danedream）233
テューダーミンストレル（Tuder Minstrel）155
デュロック（Duroc）119
デルタブルース（Delta Blues）236
テンポイント（Ten Point）213, 214

［ト］
トウカイテイオー（Tokai Teio）217
トゥザヴィクトリー（To the Victory）224
トウショウボーイ（Tosho Boy）213-215
トウルビヨン（Tourbillon）150, 151, 158
トキノミノル（Tokino Minoru）209
トニービン（Tony Bin）169
トムロルフ（Tom Rolfe）167
トランセンド（Transcend）224
トリスタン（Tristan）98

ゴルディコヴァ（Goldikova） 235
ゴールデンホーン（Golden Horn） 227
コロラドキング（Colorado King） 199
コンデュイット（Conduit） 235

［サ］
サイテーション（Citation） 179
サイレンススズカ（Silence Suzuka） 219, 220
サーギャラハド（Sir Gallahad） 177
ササフラ（Sassafras） 161
サドラーズウェルズ（Sadler's Wells） 163, 184
サーバートン（Sir Barton） 175, 176
ザバロン（The Baron） 104
サープライス（Surplice） 89, 90
ザミンストレル（The Minstrel） 163, 184
ザルカヴァ（Zarkava） 228
サルサビル（Salsabil） 164
ザレインジャー（The Ranger） 107
サンチャリオット（Sun Chariot） 147
サンデーサイレンス（Sunday Silence） 192, 193, 220, 228-231, 245

［シ］
シアトルスルー（Seattle Slew） 187-189
ジェネラス（Generous） 164, 200
ジェンティルドンナ（Gentildonna） 225, 230, 237, 238
シガー（Cigar） 193
シーキングザパール（Seeking the Pearl） vi, vii, xi, 219
シグノリネッタ（Signorinetta） 143
シーザスターズ（Sea The Stars） 225
シーバード（Sea Bird） 160, 166, 167
シービスケット（Seabiscuit） 178, 181
ジムアンドトニック（Jim And Tonic） vii
シャーガー（Shergar） 164
ジャスタウェイ（Just a Way） 225, 238
ジョンヘンリー（John Henry） 191
シンザン（Shinzan） 184, 212
シンボリルドルフ（Symboli Rudolf） 215-218

［ス］
スタネーラ（Stanerra） 215
ステイゴールド（Stay Gold） 225
スティルインラブ（Still in Love） 237
ストックウェル（Stockwell） 104
スノーフェアリー（Snow Fairy） 227, 238
スピードシンボリ（Speed Symboli） 212
スペシャルウィーク（Special Week） 220
スレーマーキン（Slammerkin） 68
スワーヴダンサー（Suave Dancer） 168
スワップス（Swaps） 180

オルテロ（Ortello） 151
オールドヴィック（Old Vic） 242, 243
オルフェーヴル（Orfevre） xi, 230, 233, 237, 239, 245, 246

［カ］
カウントフリート（Count Fleet） 178
カツラギエース（Katsuragi Ace） 216
カハル（Kahal） vii
カーバイン（Carbine） 131-133
カブトヤマ（Kabutoyama） 207
カブラヤオー（Kaburaya O） 213
カリフォルニアクローム（California Chrome） 228
ガリレオ（Galileo） 227, 231
カーリン（Curlin） 224

［キ］
キシュベール（Kisber） 112
キーソー（Keysoe） 145
キタノカチドキ（Kitano Kachidoki） 213
キャサリナ（Catherina） 94
キャメロット（Camelot） 225, 227
ギャラントフォックス（Gallant Fox） 177
ギャラントマン（Gallant Man） 181
キョウエイプロミス（Kyoei Promise） 215
キーンアイス（Keen Ice） 234
キングカメハメハ（King Kamehameha） 229
キングマンボ（Kingmambo） 229
キンツェム（Kincsem） 112, 113

［ク］
クサール（Ksar） 150
クライムカイザー（Climb Kaiser） 213
グラジア（Grazia） vi
グラスワンダー（Grass Wonder） 220
グラディアトゥール（Gladiateur） 72, 73, 95-97, 99, 102, 107
クラポム（Crapom） 151
クリフジ（Kurifuji） 209, 230
グリーングラス（Green Grass） 213
クルシフィクス（Crucifix） 87, 89
クレペロ（Crepello） 159
グレンイーグルス（Gleneagles） 226

［ケ］
ゲイクルセイダー（Gay Crusader） 143, 145
ゲインズボロー（Gainsborough） 143, 145
ケオス（Keos） vi
ケード（Cade） 38, 68
ケープクロス（Cape Cross） x
ケープブランコ（Cape Blanco） 231
ケルソ（Kelso） 182
ケンタッキー（Kentucky） 129

［コ］
コダマ（Kodama） 211
コックニーレベル（Cockney Rebel） 226
ゴドルフィンアラビアン（Godolphin Arabian） 37-40, 68

馬名索引

［ア］
アイアンリージ（Iron Liege） 181
アカネテンリュウ（Akane Tenryu） 212
アークティックプリンス（Arctic Prince） 165
アグネスデジタル（Agnes Digital） 236
アステロイド（Asteroid） 128
アドマイヤムーン（Admire Moon） 225
アニリン（Anilin） 167
アバーナント（Abernant） 155
アパパネ（Apapane） 237
アファームド（Affirmed） 188, 189, 228
アボイユール（Aboyeur） 144
アマングメン（Among Men） ix, x
アメリカンエクリプス（American Eclipse） 119-123
アメリカンファラオ（American Pharoah） 228, 234
アリダー（Alydar） 188, 189, 193
アルカセット（Alkaased） 238
アルサイド（Alcide） 159
アレッジド（Alleged） 165
アレフランス（Allez France） 167

［イ］
イージーゴーアー（Easy Goer） 193
インヴァソール（Invasor） 224

［ウ］
ヴィクトワールピサ（Victoire Pisa） 224
ウィジャボード（Ouija Board） 227
ウィンザーラッド（Windsor Lad） 155
ウェストオーストラリアン（West Australian） 73, 95, 100
ウォーアドミラル（War Admiral） 178, 181
ウォーエンブレム（War Emblem） 200, 228
ウオッカ（Vodka） 229, 230, 237

［エ］
エイシンヒカリ（A Shin Hikari） 236
エクリプス（Eclipse） 37, 40-46, 51, 52, 57, 58, 60, 72, 95, 168, 186
エリス（Elis） 87
エルグランセニョール（El Gran Senor） 163
エルコンドルパサー（El Condor Pasa） 163, 168, 220, 229
エレノア（Eleanor） 94
エンケ（Encke） 225

［オ］
オグリキャップ（Oguri Cap） 216, 217, 248
オース（Oath） 200
オーストラリア（Australia） 227
オービー（Orby） 148
オマハ（Omaha） 177
オーモンド（Ormomde） 97-99
オーランド（Orlando） 85

本村凌二（もとむら・りょうじ）

1947年（昭和22年），熊本県に生まれる．一橋大学社会学部卒業．東京大学大学院人文科学研究科博士課程修了．博士（文学）．東京大学教授，早稲田大学特任教授などを歴任．東京大学名誉教授．専攻，古代ローマ史．『薄闇のローマ世界』でサントリー学芸賞，『馬の世界史』でJRA賞馬事文化賞を受賞．2008年，一連の業績に対し，地中海学会賞を受賞．

著書『薄闇のローマ世界』（東京大学出版会）
『古代ポンペイの日常生活』（講談社学術文庫）
『愛欲のローマ史』（講談社学術文庫）
『馬の世界史』（中公文庫）
『多神教と一神教』（岩波新書）
『地中海世界とローマ帝国』（講談社学術文庫）
『帝国を魅せる剣闘士』（山川出版社）
『古代ローマとの対話』（岩波現代文庫）
『世界史の叡智』（中公新書）
『教養としての「世界史」の読み方』
（PHPエディターズ・グループ）
『教養としての「ローマ史」の読み方』
（PHPエディターズ・グループ）
ほか

競馬《けいば》の世界史《せかいし》
中公新書 2391

2016年8月25日初版
2021年4月5日再版

著　者　本村凌二
発行者　松田陽三

本文印刷　三晃印刷
カバー印刷　大熊整美堂
製　　本　小泉製本

発行所　中央公論新社
〒100-8152
東京都千代田区大手町 1-7-1
電話　販売 03-5299-1730
　　　編集 03-5299-1830
URL http://www.chuko.co.jp/

Published by CHUOKORON-SHINSHA, INC.
Printed in Japan　ISBN978-4-12-102391-9 C1222

中公新書

地域・文化・紀行

t 2

560 文化人類学入門（増補改訂版） 祖父江孝男
2315 南方熊楠《みなかたくまぐす》 唐澤太輔
2367 食の人類史 佐藤洋一郎
92 肉食の思想 鯖田豊之
2129 カラー版 地図と愉しむ東京歴史散歩 竹内正浩
2170 カラー版 地図と愉しむ東京歴史散歩 都心の謎篇 竹内正浩
2227 カラー版 地図と愉しむ東京歴史散歩 地形篇 竹内正浩
2346 カラー版 地図と愉しむ東京歴史散歩 お屋敷のすべて篇 竹内正浩
2403 カラー版 地図と愉しむ東京歴史散歩 地下の秘密篇 竹内正浩
2012 カラー版 マチュピチュ― 天空の聖殿 高野 潤
2327 カラー版 イースター島を行く 野村哲也
2092 カラー版 パタゴニアを行く 野村哲也
2182 カラー版 世界の四大花園を行く 野村哲也
2444 カラー版 最後の辺境 水越 武
1869 カラー版 将棋駒の世界 増山雅人

2117 物語 食の文化 北岡正三郎
596 茶の世界史（改版） 角山 栄
1930 ジャガイモの世界史 伊藤章治
2088 チョコレートの世界史 武田尚子
2438 ミルクと日本人 武田尚子
2361 トウガラシの世界史 山本紀夫
2229 真珠の世界史 山田篤美
1095 コーヒーが廻り世界史が廻る 臼井隆一郎
1974 毒と薬の世界史 船山信次
2391 競馬の世界史 本村凌二
650 風景学入門 中村良夫
2344 水中考古学 井上たかひこ